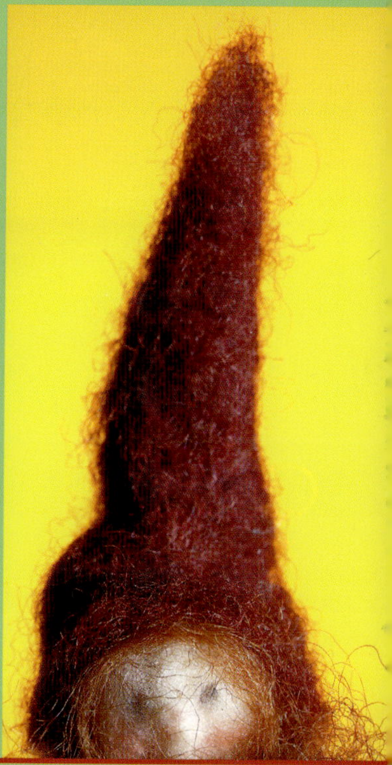

Sybille Adolphi

# Im Märchenland

Sybille Adolphi

# Im Märchenland

Mit Figuren und Bildern

Märchen selbst gestalten und erzählen

Verlag Freies Geistesleben

Für Touch Down und Fuzzy



1. Auflage 2006

**Verlag Freies Geistesleben**
Landhausstraße 82, 70190 Stuttgart
Internet: www.geistesleben.com

ISBN-10: 3-7725-1833-8
ISBN-13: 978-3-7725-1833-1


Fotos: Thomas Klink / Zeichnungen: Uta Böttcher
Layout & Herstellung: Bianca Bonfert
Druck: Egedsa, Sabadell / Spanien

# Inhalt

# Einleitung

Lange habe ich überlegt, ob ich wirklich ein Buch über Märchenfiguren schreiben soll. Denn Märchen regen die Phantasie der Kinder an, leben in ihrer Vorstellung und werden auf ihre ganz eigene Art in ihnen lebendig. Und eigentlich bedarf es dazu keiner äußeren Anschauungsmaterialien.

Mit diesem Buch verfolge ich aber ein anderes Ziel. Ich möchte wieder mehr Interesse und Aufmerksamkeit für die alten Märchen, besonders die der Gebrüder Grimm, und ihre Bedeutung für Kinder wecken.

Mit unseren heutigen Zeitgeist werden Märchen analysiert, zerpflückt, verfremdet, in Schubladen gesteckt oder ganz abgelehnt. Märchen jedoch können Kindern Botschaften, Hilfen und Hoffnungen vermitteln.

Märchen werden heute meist über moderne Medien wie Kassette oder CD angeboten. Sie werden verfälscht, verkürzt, unterlegt mit Musik, die Stimmungen vermitteln soll, vorgelesen von einer fremden, anonymen Stimme.

Wie anders wurden die Märchen früher den Kindern näher gebracht! Eine gemütliche Ecke im Wohnzimmer, das Kind auf dem Schoß oder neben den Eltern oder Großeltern, eine brennende Kerze, die warme erzählende Stimme eines bekannten Erwachsenen und das gemeinsame Versinken, Begleiten und Leben in dieser Märchenwelt.

Vielleicht möchten auch Sie für und mit Ihren Kindern eine solche Atmosphäre schaffen und dazu möchte ich Sie in diesem Buch anregen. Vielleicht erinnern Sie sich an das eine oder andere Mal, bei dem Ihnen Märchen begegnet sind. Beim Arbeiten an den Märchenfiguren können sie in eine Welt eintauchen, in der Sie Ihre Alltagsprobleme einfach einmal loslassen können.

Um sich mit den Märchen wieder vertraut zu machen, nehmen Sie einfach die Märchen der Gebrüder Grimm wieder einmal zur Hand. Eine Ausgabe dieser Märchen wird für das Erzählen zu diesem Buch benötigt.

Ganz bewusst habe ich die Umgebung der Märchenfiguren transportabel gestaltet. So können die Szenen nicht nur im Kinder- oder Wohnzimmer, sonder z. B. auch einmal am Krankenbett aufgestellt werden.

In diesem Buch habe ich Wert darauf gelegt, Ihnen eine möglichst große Auswahl an Bastel-Techniken und möglichen Materialien zu bieten. Ich habe auch versucht, Ihnen eine große Auswahl an Märchenfiguren, möglichen Kulissen und verschiedenen Darstellungsmöglichkeiten aufzuzeigen und zu beschreiben.

Ich hoffe, dass Sie dabei das finden, was Sie am meisten anspricht, um Ihre eigenen Märchenszenen herzustellen, sei es als Figuren, als Transparente oder als Wollbilder.

Nun können Sie Ihre ganz eigene Phantasie benutzen, um Ihre Märchenreiche zu gestalten. Sie können Bastel-Techniken und Figuren beliebig nach Ihrem Geschmack kombinieren und beispielsweise mit Hilfe der Zwerge, die beim «Schneewittchen» beschrieben sind, das «Rumpelstilzchen» nicht als Transparent, sondern mit Figuren darstellen. Genauso gut können Sie aber auch etwa «Hänsel und Gretel» als Transparent arbeiten. Auch als Wollebild, das exemplarisch als Basteltechnik in «Rapunzel» beschrieben ist, bietet sich jedes Märchen an. Nicht zuletzt sind Bäume, Untergründe und Dekorationsmaterialien beliebig austauschbar, ganz nach Ihrem eigenen Geschmack und der Ihnen zur Verfügung stehenden Zeit.

Vielleicht vermissen Sie in diesem Buch eines Ihrer Lieblingsmärchen. Die Zahl Grimmscher Märchen ist ja sehr groß. Darum habe ich mich bemüht, eine große Auswahl an Püppchen herzustellen, die, sofern Sie die Kleider und Stoffe durch andere ersetzen, leicht verwandelt werden können. Zum Beispiel ist der Umhang des Prinzen auswechselbar, so dass Sie diese Figur ohne oder mit einem andersfarbigen Umhang auch in einem anderen Märchen leicht verwenden können.

Die Püppchen in diesem Buch sind teilweise nass-, teilweise trockengefilzt. Die meisten Kleider sind aus Filz oder leicht zu beschaffenden Materialien wie zum Beispiel Spitzenborten oder Pannesamt genäht.

Selbstverständlich können Sie sich den Filz für die Kleidung auch selbst herstellen. Hierzu finden Sie in diesem Buch eine kleine Anleitung. Für die Kleidungsstücke sind im Text verkleinerte Schnittmuster angegeben. Diese finden Sie in Originalgröße auf dem beigefügten Schnittmusterbogen.

Sollten Sie bei Ihren Märchen Tiere wie zum Beispiel einen Frosch oder Wolf benötigen, möchte ich Sie auf die bekannten Holztiere der Firma Ostheimer verweisen. Ebenfalls finden Sie Anregungen und Anleitungen hierzu in den Büchern von Rotraud Reinhard, die im Verlag Freies Geistesleben erschienen sind.

Nun wünsche ich Ihnen viel Spaß beim kreativen Arbeiten, beim Erzählen und beim gemeinsamen Erleben mit Ihrem Kind.

*Sybille Adolphi*

# Vom Umgang mit den Märchenszenen

In diesem Kapitel möchte ich Ihnen vorstellen, wie wir bei uns in der Familie mit den im Buch beschriebenen Märchenfiguren, Bildern und Kulissen umgegangen sind. Ich möchte auch ein wenig beschreiben, was sie für uns und vor allem unsere Kinder für eine Bedeutung hatten, als sie in dem Alter waren, in dem sie so offen, aufnahmefähig und begierig für die Welt der Märchen waren.

Das, was Sie nun auf den nachfolgenden Seiten finden, soll für Sie aber lediglich als Gedankenanstoß dienen und Sie dazu ermutigen, eigene Vorstellungen und Phantasie zu entfalten.

Die kleinen nachgebastelten Märchenszenen stellten bei uns zu Hause etwas Besonderes dar. Sie wurden nicht als Kinderspielzeug verwendet. Vielmehr luden sie zum Betrachten, Verweilen und zur optischen Ausgestaltung ein, während das dazugehörige Märchen vorgelesen wurde. Selbstverständlich waren die Märchen den Kindern schon vorher bekannt, sei es aus dem Kindergarten oder von uns zu Hause. Ihre Lieblingsmärchen ergänzten wir durch die sichtbar dargestellten Märchenszenen, um ihre Phantasie weiter anzuregen.

Natürlich konnten die Kinder kleine selbst gebastelte Dinge wie beispielsweise geknetete Tiere oder gesammelte Naturmaterialien vorsichtig dazulegen. Jedoch zum Wegnehmen und Spielen waren bei uns die Figuren nicht gedacht.

Unsere Kinder halfen, wo immer es möglich war, fleißig beim Kulissenbauen mit. Die Märchenfiguren selbst habe jedoch immer ich nur alleine angefertigt. Sie erschienen dann ganz geheimnisvoll, zum Beispiel an einem Sonntagabend als gemeinsamer Abschluss des Wochenendes, an einem Feiertag, Geburtstag oder bei einer längeren Krankheit. Man kann ja häufig einen besonderen Anlass finden.

Besonderen Wert haben wir darauf gelegt, dass diese alten Märchen wortgenau und wortgetreu immer wieder vorgelesen werden, und das über mehrere Tage oder gar Wochen hinweg.

Märchen muss man Kindern nicht erklären oder über deren Inhalt und Hintergrund mit ihnen diskutieren. Das Besondere an Märchen ist, dass sie ihre eigene Seelensprache besitzen, die von den Kindern intuitiv aufgenommen wird.

Beim gemeinsamen Vorbereiten der Kulissen, in der Vorfreude auf die Märchenfiguren, beim Vorlesen und Betrachten der Märchenszenen fingen die Kinder an, immer mehr in dieser Märchenwelt zu leben und den Kern des Märchens auch unterbewusst zu verstehen. Das wiederholte Vorlesen der Märchen spielte dabei eine vertiefende Rolle. Sie fertigten Zeichnungen an, sangen selbst ausgedachte Lieder dazu oder spielten die Märchen als Rollenspiele nach. Selbst Märchengeburtstage entstanden daraus.

In diesem Buch finden Sie einerseits aufwändig, andererseits schneller zu gestaltende Märchenszenen, solche die mehr Platz benötigen, und solche, die man auch auf kleinem Platz unterbringen kann. Wichtig bei allen ist, dass Sie die Märchen und Märchenszenen liebevoll in Ihrer Familie aufnehmen, wahrnehmen und mit Ihren Kindern daran teilnehmen und sie als etwas Besonderes erleben.

Bei den aufwändigeren Märchenkulissen und Figuren muss nicht von Anfang an die komplette Märchenszene auf dem Tisch stehen. Sie können die Szenen auch langsam wachsen lassen. Umso größer ist die Überraschung, wenn wieder etwas Neues hinzukommt.

Wie so etwas nun ganz konkret ablaufen kann, möchte ich Ihnen an Hand einiger Beispiele aus unserer Familie verdeutlichen.

Bei uns waren die Märchen nach Jahreszeiten geordnet. Sie erschienen über die Märchenjahre unserer Kinder hinweg (im Alter von 3 bis ca. 8 Jahren) immer wieder zur selben Jahreszeit. Sie wurden dann teilweise auch durch neu hinzugekommenes Dekorationsmaterial ergänzt.

Diese immer wiederkehrenden Gebräuche und Gemeinsamkeiten schaffen in unserer sehr schnelllebigen Zeit für Kinder Sicherheit und Ruhe.

Die Märchenszene der Frau Holle erschien bei uns immer im Januar / Februar im Fenster und der Jubel war groß, wenn Frau Holle es geschafft hatte, dass es tatsächlich auch draußen schneite. Meistens lasen wir das Märchen vor, wenn die Kinder ausgetobt und frierend von draußen hereinkamen. Mit einer Tasse Tee setzten wir uns dann um den Tisch und beobachteten, wie Frau Holle draußen in der Natur und drinnen in der Märchenszene fleißig ihre Betten schüttelte, und lasen dabei das Märchen vor.

An den Geburtstagen der Kinder stand das Sterntaler-Märchen, von uns vorbereitet, abends nach dem Geburtstagstrubel auf dem Tisch. Das Ganze war mit einem Seidentuch abgedeckt und durfte vom Geburtstagskind enthüllt werden. Auch die dahinter stehenden Kerzen durften von ihm angezündet werden. In dieser gemütlichen und ruhigen Atmosphäre lasen wir dann

das Geburtstagsmärchen «Sterntaler» vor. Anschließend durfte das Geburtstagskind diese Kulisse und das Sterntalerkind an sein Bett stellen, selbstverständlich ohne die Kerzen. Am nächsten Morgen war dann alles bis zum nächsten Geburtstag verschwunden. Obwohl unsere Kinder nun schon groß sind und wahrlich dem Märchenalter entwachsen, vergeht kein Geburtstag, an dem sie sich nicht gerne an diese Gepflogenheit erinnern.

Die aufwändigeren Märchenszenen wie beispielsweise «Schneewittchen» oder «Hänsel und Gretel» oder auch «Dornröschen» halfen unsere Kinder mit vorzubereiten. Hier wurden Untergrund, Häuschen, Bäume und Ähnliches für das Märchenreich gemeinsam gestaltet. Jedes Mal war es eine große Freude, wenn dann zum Beispiel auf der Märchenwiese über Nacht Hänsel und Gretel auf-

tauchten oder wir gemeinsam das Hexenhaus backten, in dessen Tür dann auch irgendwann die Hexe stand.

In der dunklen Jahreszeit liebten unsere Kinder Transparente, und so entstand die Idee, die Märchen auch einmal anders darzustellen. Die Kerzen hinter den Transparenten durften die Kinder schon bei Hereinbrechen der Dunkelheit entzünden, und jeder freute sich dann auf das gemeinsame Beisammensein und Vorlesen nach dem Abendessen.

Ein Wollbild wie das von «Rapunzel» (siehe Abbildung rechts) diente – zusammen mit dem dazugehörigen Märchen – bei uns oft als Geschenk bei Geburtstagen, zu einer Geburt oder Taufe. Etwas größere Kinder können bei der Herstellung dieser Bilder durchaus schon mithelfen.

# Grundformen und Techniken

Auf den folgenden Seiten möchte ich Ihnen die Grundformen der einzelnen Märchenfiguren vorstellen.

Dabei werden Sie zuerst die zu Grunde liegenden Techniken des Nass- und Trockenfilzens kennen lernen.

Da zu diesem Thema schon sehr viel Literatur existiert, beschränke ich mich hier auf diejenigen Techniken und Materialien, die Sie zur Herstellung der Püppchen benötigen.

Ich verwende in diesem Buch für die Püppchen kardiertes Schafwollvlies und Märchenwolle. Schafwollvlies besteht aus vielen kurzen Fasern, die kreuz und quer durcheinander liegen. Auch besteht es aus mehreren aufeinander liegenden Lagen. Meist ist diese Art Wolle nicht so sauber gekämmt, so dass sich kleine Faserreste oder Schmutzpartikel daran befinden können. Diese sollten Sie vor der Verwendung entfernen.

Bezugsquellen für Schafwollvlies und Märchenwolle finden Sie am Ende des Buchs. Auch bei den Firmen, bei denen nur Versand angeboten wird, habe ich dieselbe freundliche und kompetente Beratung erlebt wie in den aufgeführten Ladengeschäften.

Vorab noch eine Anmerkung zu den Materialien:

Ich unterscheide in diesem Buch bei den Materialangaben zwischen Filz und Bastelfilz.

Filz ist industriell gefertigter Filz. Es gibt ihn in vielen verschiedenen Farben als Meterware oder Platten.

Bastelfilz ist handgefertigter Filz, den es in Platten zu kaufen gibt. Er ist weicher als der Industriefilz. Allerdings ist die Farbauswahl nicht so groß.

## Kleine Anleitung für das Nadelfilzen (Trockenfilzen)

### Material

*Schafwolle, Filznadel, Schwamm oder Styropor, Leinenküchenhandtuch*

### Anleitung

Es gibt Filznadeln in 3 verschiedenen Stärken. Ich habe in diesem Buch durchgehend mit Nadeln der Stärke 1 gearbeitet.

Filznadeln sind Nadeln mit winzigen Widerhaken. Diese Haken verfilzen durch das Einstechen und Herausziehen der Nadel die einzelnen Schafwollfasern miteinander. Damit die Nadel tief genug eingestochen werden kann, benutzen Sie eine Unterlage wie beispielsweise eine dicke Styroporplatte oder einen Schwamm, über die Sie ein Küchenhandtuch aus Leinen legen. Dieses Handtuch verhindert, dass sich das Filzstück zu sehr mit der Unterlage verbindet.

★ Vorsicht

Filznadeln sind sehr spitz. Darum nie die Hand unter das Filzstück legen. Um ein schnelles Abbrechen der Nadel zu verhindern, sollte die Nadel immer im selben Winkel wie beim Einstechen wieder herausgezogen werden.

Sollten Sie noch keine Erfahrung mit der Filznadel haben, empfehle ich, die Technik erst einmal an einem Probestück zu üben. Hier können Sie sehen, wie der Filz und die Nadel reagieren. Nehmen Sie zum Beispiel eine Ausstechform von Weihnachtsplätzchen (Herz oder Stern), füllen Sie die Form mit Märchenwolle und verfilzen Sie nun die Wolle durch permanentes Einstechen und Herausziehen der Filznadel. Wenden Sie die Arbeiten öfter, um zu verhindern, dass sich die Schafwolle zu sehr mit der Unterlage verbindet.

Sie werden erleben, wie leicht man so modellieren, ausbessern oder durch einige aufgelegte Schafwollfasern verschönern kann.

Dasselbe können Sie auch mit einem Styropor-Ei oder einer Styroporkugel probieren, auf die Sie etwas auffilzen. Nadeln Sie den Untergrund in einer Farbe gut auf. Achten Sie dabei darauf, nicht an einzelnen Stellen zu oft einzustechen, da sonst Löcher im Styropor entstehen. Danach können Sie Figuren, Muster oder Ornamente aufnadeln.

Sie werden sehen, dass Sie sehr schnell ein Gespür für diese Art des Filzens entwickeln.

Beim Nadelfilzen ist es weiterhin auch möglich, bei den Püppchen weitere Teile wie Nase, Kinn, Bäckchen oder Po, hinzuzufügen, wenn der Körper schon fertig gefilzt ist.

## Herstellen des Puppenkopfs in Nadelfilztechnik

### Material

*Hautfarbenes Schafwollvlies, Filznadel Nr. 1, Unterlage*

### Anleitung

1. Wiegen Sie die benötigte Menge Schafwollvlies ab. Bei einem Kopf von 10 cm Umfang sind dies ca. 5 Gramm, bei kleineren Köpfen entsprechend weniger.
2. Nehmen Sie dieses Schafwollvlies, ziehen Sie es zu einem kleinen Strang, in dessen Mitte Sie einen lockeren Knoten machen.
3. Klappen Sie die vom Knoten abstehenden Enden von links und rechts über den Knoten, so dass eine Kugel entsteht. Der Wollstrang darf sich dabei nicht verdrehen.
4. Legen Sie diese Kugel nun auf Ihre Unterlage.
5. Dann wird ringsherum mit der Filznadel in die Kugel gestochen. Dadurch verdichtet sich die Form immer mehr. Führen Sie dies so lange aus, bis die Kugel die gewünschte Größe und Form erreicht hat. Diese kann je nach Vorliebe eher rund oder eher länglich sein. Die Kugel wird beim Nadeln immer wieder gedreht, um eine gleichmäßige Form zu erhalten. Filzen Sie den Kopf nicht zu hart, da Sie sonst nachher wenig Möglichkeiten haben, die Augenlinie einzufilzen.
6. Arbeiten Sie nun am vorderen Teil des Kopfes die Augenlinie ein (siehe Bild). Dies erreichen Sie durch gezieltes Einstechen in der Mitte des Kopfes.

7. Sollten Sie den Kopf von der Oberflächenstruktur her zu grob finden, versuchen Sie ihn durch Rollen zwischen den Händen glatt zu bekommen. Sollte dabei das Ergebnis nicht zufrieden stellend sein, können Sie den Kopf durch Eintauchen in eine heiße Schmierseifenlösung (siehe «Kleine Anleitung für das Nassfilzen») und anschließendes Rollen zwischen den Händen glatt bekommen. Eventuell müssen Sie auch etwas Schmierseife zwischen die Hände geben, damit sich die Kugel leichter rollen lässt. Wichtig ist bei der Verwendung von Schmierseife, dass Sie anschließend die Kugel in klarem Essigwasser wieder gut ausspülen, da

die Schmierseife sonst mit der Zeit die Wolle angreift und zersetzt. Die Kugel wird nun gut ausgedrückt und zum Trocknen auf ein Küchenhandtuch gelegt.

## Kleine Anleitung für das Nassfilzen

### Material

*Schmierseife, kardierte Schafwolle / Märchenwolle, Schüssel, heißes Wasser, klares Wasser mit Essig, Handtuch, Unterlage (z. B. Backblech, Noppenfolie), Blumenspritze oder Wasserflasche zum Bügeln, Handtücher, um die Hände vor neuem Auflegen trockener Wolle abzutrocknen, überlaufendes Wasser aufzunehmen oder die fertigen Stücke zu trocknen.*

### Anleitung

Beim Nassfilzen stellen sich die einzelnen Schuppenschichten der Wollfasern durch das heiße Seifenwasser auf. Die vielen kleinen Schafwollfasern verhaken sich durch Reibung zu einer kompakten Fläche, die nicht mehr zu lösen ist.

Auch hier empfiehlt es sich, sofern Sie noch nicht gefilzt haben, erst einmal mit der Technik zu experimentieren und statt sofort Köpfe zu fertigen zum Beispiel zuerst einmal Kugeln für eine Kette herzustellen.

★ Tipp

Beachten Sie bitte, dass bei allen nass gefilzten Arbeiten die Wolle um etwa 30 – 40% schrumpft.

Geben Sie zuerst 1 Esslöffel Schmierseife in 1 Liter heißes Wasser. Wählen Sie die Wassertemperatur so, dass es für Ihre Hände noch angenehm ist. Die Schmierseife wird im Wasser gut verquirlt. Es empfiehlt sich wegen der verwendeten Schmierseifenlösung, beim Nassfilzen auf der Küchenspüle zu arbeiten oder ein Tablett oder Backblech als Unterlage zu verwenden.

## Herstellen des Puppenkopfs in Nassfilztechnik

### Material

*Hautfarbenes Schafwollvlies, heiße Schmierseifenlauge, Unterlage, Handtuch, Essigwasser*

### Anleitung

1. Wiegen Sie die benötigte Menge Schafwollvlies ab. Bei einem Kopf von 10 cm Umfang sind dies ca. 5 Gramm, bei kleineren Köpfen entsprechend weniger.
2. Nehmen Sie dieses Schafwollvlies, ziehen Sie es zu einem kleinen Strang, in dessen Mitte Sie einen lockeren Knoten machen.
3. Klappen Sie die vom Knoten abstehenden Enden von links und rechts über den Knoten, so dass eine Kugel

entsteht. Der Wollstrang darf sich dabei nicht verdrehen.

4. Die Kugel wird mit einer Hand umschlossen und in die Seifenlauge getaucht, bis sie vollständig durchnässt ist.
5. Die Kugel wird nun ganz vorsichtig etwas ausgedrückt. Lassen Sie sie ein paar Mal von einer in die andere Hand gleiten. Auf diese Weise verfestigt sie sich schon leicht.
6. Ganz vorsichtig und ohne Druck wird die Kugel jetzt mit kreisenden Bewegungen in der Hand gerollt. Sollten Sie zu viel Druck ausüben, entstehen Dellen. Sehr schnell wächst aus einem noch ziemlich unförmigen Etwas eine runde Kugel.
7. Ist die Kugel etwas stabiler, was man daran sieht, dass die äußere Schicht der Wollefasern geschlossen aussieht, wird sie mit immer größer werdendem Druck weiter gerollt, bis sie die endgültige Größe und Form erreicht hat. Diese kann je nach Vorliebe eher rund oder eher länglich sein. Filzen Sie den Kopf nicht zu hart, da Sie sonst nachher wenig Möglichkeiten haben, die Augenlinie einzufilzen.

★ Tipp

Sollten sich im Kopf doch noch Dellen finden, können Sie diese entfernen, indem Sie mit einer spitzen Nadel wenige Millimeter unterhalb der Delle einstechen und den Filz nach oben drücken oder eine dünne Schafwollschicht darüber filzen.

8. Nun wird ungefähr in der Mitte des Kopfes die Augenlinie leicht eingearbeitet (siehe Bild bei der Nadelfilztechnik). Hierzu bin ich mit einem Messerrücken immer wieder über die Augenlinie gefahren, bis eine deutliche Einbuchtung entstanden ist. Diese wird dann mit den Fingerkuppen noch einmal etwas ausgearbeitet.
9. Zuletzt wird der nun fertige Kopf mit Essigwasser ausgespült und zum Trocknen auf ein Handtuch gelegt.

## Gestalten des Kopfes

### Material

Für die Augen
*2 kleine Perlen oder Nähfaden oder Buntstifte*
Für die Nase
*hautfarbene Schafwolle, Filznadel*
Für den Mund
*Nähfaden in geeigneter Farbe, Märchenwollfasern zum Annadeln oder Buntstifte*
Für die Haare
*Schafwolle oder Märchenwolle in Farbe nach Wahl, alternativ Webpelz*

### Anleitung

Sobald der Kopf Ihrer Figur getrocknet ist, können Sie mit der Ausgestaltung des Gesichts beginnen. Verfahren Sie dabei in folgenden Schritten:

Nase

1. Zupfen Sie einen kleinen dünnen Strang aus der Schafwolle, aus der Sie den Kopf hergestellt haben.

2. Knoten Sie in der Mitte dieses Strangs einen kleinen festen Knoten. Dieser ergibt die Nase.
3. Legen Sie den Knoten an die Augenlinie an den Platz der Nase. Die losen Enden legen Sie auseinander gezogen über die Stirn und das Kinn.
4. Nadeln Sie die losen Enden gut an den Kopf an, so dass sie sich so mit dem Kopf verbinden, dass sie nicht mehr sichtbar sind.
5. Geben Sie der Nase durch gezieltes Einstechen die gewünschte Form.

### Augen

1. Markieren Sie mit 2 Stecknadeln die Position der Augen in der Augenlinie.

★ Tipp

Zu eng stehende Augen wirken unfreundlich, ein zu hoher Mund kann für die Nase gehalten werden.

2. Mit einer spitzen Schere schneiden Sie nun in der Mitte im Unterteil des Kopfes für den Hals ein Loch. Dieses sollte so groß sein, dass 2 in sich verdrehte Pfeifenputzer je nach Kopfgröße ca. 1 bis 1,5 cm tief hineingesteckt werden können. Lassen Sie diese Pfeifenputzer im Loch stecken. So verhindern Sie, dass später Augen-, Nase- oder Mundfaden durchtrennt werden.
3. Fädeln Sie einen etwas stärkeren Faden (Knopflochgarn oder zumindest doppelt genommener Nähfaden) in eine Nähnadel und vernähen Sie diesen Faden an der oberen Rückseite des Kopfes.
4. Stechen Sie nun mit der Nähnadel bis zu einer der vorne angebrachten Stecknadeln für die Augen, ziehen Sie diese heraus, fädeln Sie eine der Augenperlen auf und ziehen Sie den Faden wieder auf dem selben Wege auf die Rückseite. Ziehen Sie den Faden gut an. Hierzu können Sie den Kopf etwas zusammendrücken. Vernähen Sie den Faden auf der Kopfrückseite.

5. Verfahren Sie entsprechend für das zweite Auge. Achten sie durch das Anziehen des Fadens darauf, dass

die Augen durch den Zug des Fadens Augenhöhlen bekommen und nicht nur lose am Kopf anliegen.

6. Sollten Ihnen die Perlen als Augen nicht zusagen, können Sie die Perlen auch weglassen und die Augenhöhlen nur mit dem Faden fixieren und die Augen mit einem angefeuchteten Buntstift aufmalen oder auch aufsticken.

### Mund

1. Der Mund wird gestickt. Hierzu ziehen Sie einen doppelt genommenen Nähfaden in geeigneter Farbe von hinten durch den Kopf und sticken den Mund auf. Vernähen Sie den Faden anschließend gut auf der Kopfrückseite.
2. Für die gestickte Form des Mundes haben Sie folgende Möglichkeiten:

3. Alternativ können Sie den Mund auch mit Buntstiften aufmalen. Oder Sie können ihn auch mit ein paar Schafwollflocken dünn aufnadeln.

### Backen (Zwerge / Frau Holle)

1. Nadeln Sie mehrmals der Backenlinie entlang wie vorne im Abschnitt «Herstellen des Kopfes in Nadelfilztechnik» auf der Zeichnung angegeben, bis eine kleine Furche entsteht.
2. Zum Einfärben der Bäckchen färben Sie ein kleines Stück Trikot mit roter und etwas brauner Farbe (Buntstift) ein und betupfen damit vorsichtig die Bäckchen. Sollte die Färbung zu intensiv geraten sein, nicht erschrecken. Sie bleicht innerhalb kurzer Zeit etwas aus.

### Kinn (Hexe)

1. Für ein betontes Kinn knüpfen Sie in ein paar Schafwollfäden einen Knoten. Dieser Knoten ergibt das Kinn.
2. Die Enden rechts und links des Knotens werden am Kopf aufgenadelt.
3. Dann wird dem Kinn durch gezieltes Einstechen am Knoten die Form verliehen.

Die Haare werden zwar hier beschrieben, aber erst gearbeitet, wenn das Püppchen fertig und angezogen ist.

### Haare aus Schafwolle oder Lockenwolle

1. Um eine Langhaarfrisur mit Pony herzustellen, legen Sie einen kleinen Wollstrang auf den Kopf. Der Strang soll nach vorne zeigen und wird mit einigen Stichen auf den Kopf befestigt. Dieser Strang ergibt später die Ponys. Für die restlichen Haare legen Sie einen den gesamten Kopf ausfüllenden Strang von links

nach rechts über den Kopf und nähen ihn mit kleinen Stichen fest. Sollten die Stiche sichtbar sein, so fahren Sie mit einer Nadel etwas hin und her, so dass die Stiche unter der Wolle verschwinden.

2. Aus dieser Langhaarfrisur können nun auch geflochtene Frisuren wie Zöpfe oder «Affenschaukeln» usw. entstehen.
3. Bevorzugen Sie einen Mittelscheitel für Ihr Püppchen, so unterlegen Sie zuerst in der Mitte des Wollstrangs ein kleines Stückchen Stoff und nähen mit der Nähmaschine eine gerade Naht darüber. Danach wird der Wollstrang mit kleinen Stichen auf dem Kopf befestigt.
4. Für eine kürzere Haarform wählen Sie kurzflorige Märchenwolle, bringen diese in Form und nähen Sie sie mit kleinen Stichen auf dem Kopf fest. Daraus lassen sich oft noch kleine «Rattenschwänze» oder ein «Dutt» abbinden.
5. Befinden sich die Haare unter einer Mütze oder einem Hut, so können Sie die Haare auch einfach aufnadeln.

### Haare aus Webpelz oder Fell

1. Schneiden Sie aus Webpelz die Perücke zu. Schneiden Sie hierbei vorsichtshalber die untere Kante etwas länger, damit sie auch auf einen größeren Kopf passt.

★ Tipp

Webpelz oder Fell wird mit einer spitzen Schere immer nur am Unterstoff unter dem Pelz geschnitten, so dass die langen Webpelzhaare nicht mit abgeschnitten werden.

2. Stecken Sie die Perücke zusammen und probieren Sie sie Ihrem Püppchen an. Sollte Sie ein wenig eng sein,

1. Fell
2. Kreppwolle
3. Webpelz
4. Schaf- bzw. Märchenwolle

kann der Pelz noch gedehnt werden. Ist sie zu groß, dann kürzen Sie die untere Kante.

3. Nähen Sie die Perücke zusammen und wenden Sie sie.
4. Nun kleben Sie die Perücke mit UHU Bastelkleber am Kopf des Püppchens fest.
5. Zum Gestalten der Frisur können Sie nach Geschmack die Ponys zurechtschneiden und / oder Zöpfe flechten.

## Herstellen des Körpers

### Material

*Pfeifenputzer (keine Bastelpfeifenputzer, sie sind zu instabil), hautfarbenes Schafwollvlies, heiße Schmierseifenlauge, Handtuch, Essigwasser*

### Anleitung

#### Grundgerüst

Der Körper besteht aus einem Grundgestell aus Pfeifenputzern, das mit Schafwolle überzogen und nass gefilzt wird.

Nehmen Sie drei Pfeifenputzer, einen für die Arme und zwei für die Beine.

1. Knicken Sie den Armpfeifenputzer in der Mitte um (siehe Abb. 1).
2. Messen Sie bei den Beinpfeifenputzern 1,5 cm ab. Für die kleineren Püppchen verringern Sie dieses Maß auf 1 cm, je nach Püppchengröße (siehe Abb. 2).
3. Verdrehen Sie die beiden Beinpfeifenputzer um diese 1,5 cm ineinander. Dieser ineinander verdrehte Teil bildet den Hals und das Stück, das später in den Kopf gesteckt wird (siehe Abb. 2).
4. Legen Sie die Beinpfeifenputzer und den Pfeifenputzer für die Arme wie auf dem Bild dargestellt zusammen. Das untere Ende des Halses liegt auf der Mitte des Armpfeifenputzers (siehe Abb. 3).
5. Wickeln Sie die Beinpfeifenputzer 1-mal um den Armpfeifenputzer (rechtes Bein um den rechten Arm, linkes Bein um den linken Arm, siehe Abb. 4).
6. Nun haben Sie das Grundgerüst (siehe Abb. 4).
7. Messen Sie die benötigte Arm-, Bein- und Fußlänge gemäß der Längenangaben auf S. 32 f. ab. Der Umschlag dient zur Verbreiterung der Hände und Füße. Er verhindert auch, dass sich das spitze Ende des Pfeifenputzerdrahts später nicht durch die gefilzte Schafwolle bohren kann.

#### Umwickeln des Körpers

Der Körper wird mit hautfarbenem Schafwollvlies umwickelt. Ziehen Sie dazu das Schafwollvlies in kleine Stränge.

1. Beginnen Sie mit dem Umwickeln des Bauchs. Hierzu beginnen Sie unter dem Hals und wickeln das Vlies achterförmig um die beiden Pfeifenputzer bis zu den Beinen.
2. Umwickeln sie das Ganze noch 1- bis 2-mal komplett.
3. Nun umwickeln Sie Arme und Beine des Püppchens möglichst fest, ohne das Vlies zu verdrehen. Hierzu wickeln Sie Arme und Beine lieber mit einem dünnen Schafwollvlies, dafür 2- bis 3-mal. Dadurch verrutscht die Schafwolle nicht so leicht. Eventuelle Unebenheiten können später beim Filzen ausgeglichen wer-

Grundgerüst: Abb. 1 – 4

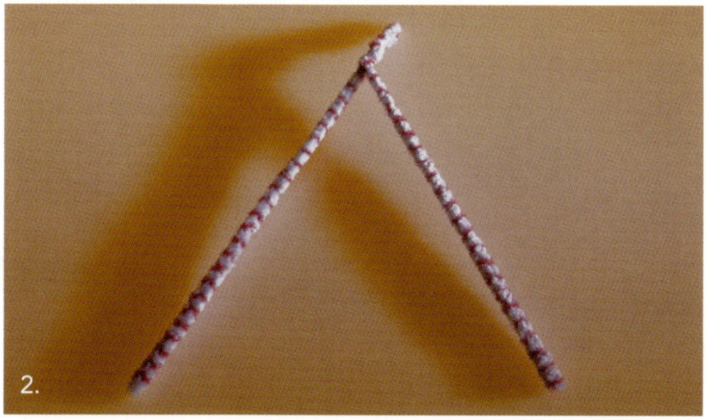

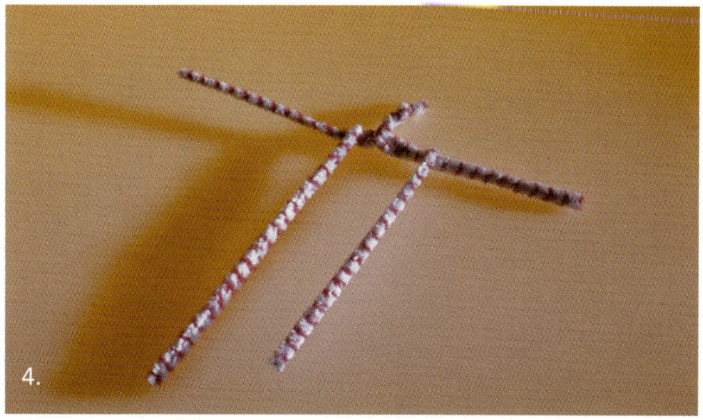

Umwickeln des Körpers

den. Erst wenn Sie alles umwickelt haben, klappen Sie den Umschlag an Armen und Beinen um und umwickeln diesen noch einmal komplett mit einer dünnen Schafwollflocke. Die Hände und Füße werden dadurch etwas breiter als der Rest.

### Filzen des Körpers

1. Legen Sie den Körper in die bei der Beschreibung der Nassfilztechnik beschriebene Schmierseifenlösung, bis sich der Körper ganz voll gesogen hat.
2. Geben sie etwas Schmierseife auf Ihre Hände und reiben Sie das Püppchen vorsichtig zwischen Ihren Händen. Sobald sich die Oberflächen verdichtet haben, können Sie fester reiben. Auf diese Weise können Sie eventuelle Unebenheiten, die sich beim Wickeln ergeben haben, ausgleichen.
3. Spülen Sie den Körper mit Essigwasser aus, drücken Sie ihn in einem Handtuch etwas aus und lassen Sie ihn trocknen.

★ Wichtig

Durch die unterschiedliche Wollstrangdicke entstehen leichte Größenunterschiede bei den Püppchen. Messen Sie daher die tatsächliche Größe Ihres Püppchens nach, bevor Sie Kleider, Hosen oder Ärmellängen abschneiden. Für die Kleiderschnitte benötigen Sie keine extra Nahtzugabe.

### Verbinden von Kopf und Körper und Fertigstellen des Körpers

1. Entfernen Sie die zuvor provisorisch eingesteckten Pfeifenputzer aus dem Kopf und kleben Sie mit UHU Bastelklebstoff das in sich verdrehte obere Ende des Körpers in den Kopf.
2. Wickeln Sie zwischen Kopf und Körper einen kleinen hautfarbenen Wollstrang als Hals. Eventuell empfiehlt es sich, den Kopf mit ein paar verdeckten Stichen zuvor am Körper anzunähen.
3. Nadeln Sie eine Schafwollflocke als Popo auf.
4. Nadeln Sie die Fußsohlen vorsichtig gerade.
5. Sollte der Bauch oder eine andere Stelle an Ihrem Püppchen zu dünn geraten sein, können Sie dies durch Aufnadeln von zusätzlicher Schafwolle korrigieren.

### Schuhe

Sollten Sie die Schuhe der Püppchen nicht nähen wollen, so können Sie die Füße auch mit Schafwolle in der entsprechenden Schuhfarbe umwickeln und gleich mitfilzen.

Ansonsten finden Sie andere Schuharten bei den Beschreibungen der einzelnen Püppchen.

# Plattenfilzen

## Material

*Heiße Schmierseifenlauge, Kernseife, Sprühflasche, Handtuch, Essigwasser, Backblech oder Tablett, Noppenfolie, Schafwollvlies oder Märchenwolle*

## Anleitung

Wer viel Spaß am Filzen hat, kann die Kleidung oder die Schuhe der Püppchen oder einen Spielteppich (Wiese oder Ähnliches) auch selbst herstellen.

Dazu beachten Sie wieder den Schrumpfgrad der Wolle, wenn Sie die für das Schnittmuster benötigte Fläche mit Wolle auslegen: die Wolle schrumpft beim Filzen um ca. 30 – 40%.

Reste des Filzstoffs lassen sich auch gut beispielsweise für Schuhe, Blumen oder Zwerge verwenden.

1. Zupfen Sie einen Büschel Wolle aus dem Vlies, ziehen Sie ihn in eine Fläche auseinander und legen Sie sie in einer dünnen Lage dachziegelartig nebeneinander auf der Noppenfolie auf dem Backblech aus. Hierbei sollten die Fasern immer in eine Richtung zeigen.
2. Die nächste Schicht legen Sie wieder wie Dachziegel aus, jedoch mit der Faserrichtung senkrecht zur vorigen Lage, so dass die Lagen über Kreuz liegen.
3. Die Anzahl der Lagen richtet sich nach der gewünschten Dicke des späteren Filzes. Es sollten jedoch mindestens 4 sein. Alles Weitere hängt von der Qualität der Wolle und der Dicke des herausgezupften Schafwollbüschels ab. Sie können die Wolle später, wenn sie nass ist, auch immer wieder platt drücken, um abzuschätzen, wie dick die Platte ungefähr werden wird.
4. Nun wird die Wolle vorsichtig mit heißem Seifenwasser (Seifenlauge) aus der Sprühflasche besprüht. Sie sollte durchweicht sein, aber nicht in Wasser schwimmen. Dann geben Sie etwas Kernseife auf Ihre Hände und beginnen, das Vlies vorsichtig platt zu drücken. Es darf dabei keine Wolle an Ihren Händen kleben bleiben, sonst ist zu wenig Seife benutzt worden. Sollten Sie am Anfang noch unsicher sein, so dass Sie Ihre Platte zu sehr drücken, dann legen Sie ein Stück Vorhangstore oder eine Noppenfolie auf die durchfeuchtete Schafwolle. Dadurch verhindern Sie, dass durch zu festes Reiben am Anfang, Löcher entstehen.
5. Nach 3 – 4 Minuten können Sie mit leichten (!) vorsichtig kreisenden Bewegungen auch ohne Noppenfolie über die ganze Platte streichen.

★ Tipp

Überschüssiges Wasser immer wieder durch Abgießen entfernen. Bei zu viel Seife etwas klares Wasser zugeben. Beides verhindert ein Verfilzen Ihrer Platte.

6. Hat sich die Wolle leicht verdichtet, wendet man die Platte vorsichtig und wiederholt das Ganze auf der Unterseite.
7. Je mehr sich die Oberfläche verdichtet, desto höher kann der Druck sein, mit dem gearbeitet wird. Vergessen Sie dabei nicht, die Ränder einzubeziehen.
8. Sind beide Filzseiten an der Oberfläche geschlossen, kann man das Filzstück leicht zusammendrücken und kneten.
9. Streichen Sie dann Ihr Filzstück glatt und rollen Sie es

in ein trockenes Handtuch ein. Rollen Sie es nun zuerst von der einen Seite immer wieder hin und her. Verfahren Sie mit der anderen Seite genauso. Diesen Vorgang nennt man Walken.

★ Vorsicht

Je fester man walkt, desto größer wird der Schrumpfungsprozess.

10. Nun ist Ihr Filzstück fertig gewalkt und muss noch sauber in Essigwasser ausgewaschen, ausgestrichen und getrocknet werden.

★ Tipp

Für Kleidungsstoffe ist es manchmal auch reizvoll, den letzten Schritt des Walkens wegzulassen. Dadurch wird der Filz lockerer.

11. Nun können Sie mit dem Zuschneiden Ihrer Kleidung etc. beginnen.
12. Sollte der Nähfaden nach dem Nähen zu deutlich zusehen sein, so fahren Sie mit einer Nadel ein paar Mal vorsichtig über den umliegenden Filz, so dass sich die kleinen Härchen des Filzes über den Stich legen und ihn verdecken.

Mit dieser Art des Nassfilzens können Sie auch Grasflächen für Ihr Märchenland gestalten. Die Ränder müssen dabei nicht ganz gerade sein. Oft wirkt es dadurch viel lebendiger. Dazu würde ich Ihnen empfehlen, mindestens 6 Lagen Schafwolle übereinander zu legen. Hierzu können Sie verschiedene Grüntöne verwenden.

Zum Schluss können Sie noch einen See, Weg oder Blumen aufnadeln. Dabei sind Ihrer Phantasie und der Ihrer Kinder keine Grenzen gesetzt (siehe auch das Bild bei der Königsfamilie auf S. 144 und bei Schneeweißchen und Rosenrot auf S. 46).

★ Tipp

Sollte bei Ihren ersten Filzarbeiten Ihr Filzstück doch dünne Stellen oder Löcher aufweisen, so schneiden Sie entweder vorsichtig am Rand ein Stück ab und nadeln es auf der Rückseite fest auf die dünnen Stelle oder das Loch. Oder Sie nadeln einen Büschel ungefilzter Schafwolle darüber.

## Verschiedene Sticharten

### Kräuselstich

Der Kräuselstich wird, wie der Name schon sagt, zum Kräuseln verwendet. Gekräuselt wird immer dann, wenn Stoff zusammengezogen werden soll.

Für den Kräuselstich ziehen Sie die Nadel immer abwechselnd ein Stückchen Stoff aufnehmend, ein Stückchen liegen lassend durch den Stoff. Danach wird der Faden zum Kräuseln angezogen.

### Vorstich

Wie beim Kräuselstich ziehen Sie die Nadel immer abwechselnd ein Stück Stoff aufnehmend, ein Stück Stoff liegen lassend durch den Stoff. Der Faden wird anschließend aber im Gegensatz zum Kräuselstich nicht angezogen, sondern nur vernäht.

## Steppstich

Der Steppstich wird verwendet, um Nähte zusammenzunähen, ohne dass durch Anziehen des Fadens sich der Stoff zusammenzieht.

Für den Steppstich werden ein paar Fäden des zusammenzunähenden Stoffs aufgenommen. Dann wird ein Rückstich gemacht, der genau an den vorhergehenden Stich anschließt.

## Knopflochstich

Beim Knopflochstich wird die Nadel von hinten nach vorne eingestochen und der Faden bis auf eine kleine Schlaufe durchgezogen. Durch diese Schlaufe wird noch einmal mit der Nadel durchgefahren und dann wird der Faden angezogen.

## Matratzenstich

Der Matratzenstich wird verwendet, um unsichtbare Nähte herzustellen. Beim Matratzenstich werden die zwei zusammenzunähenden Stoffteile Kante auf Kante zusammengelegt. Dann wird die Nadel von hinten auf den unteren Stoff durchgestochen. Nun nehmen Sie ein kleines Stück oberen Stoff ziehen das Ganze an, dann wieder ein Stück unteren Stoff, anziehen usw.

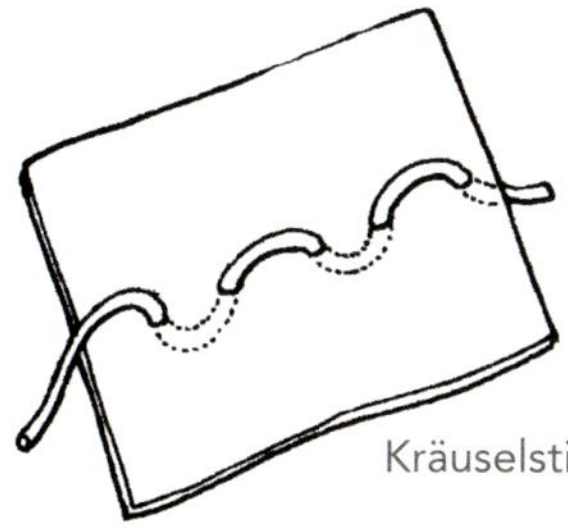

Kräuselstich

Steppstich

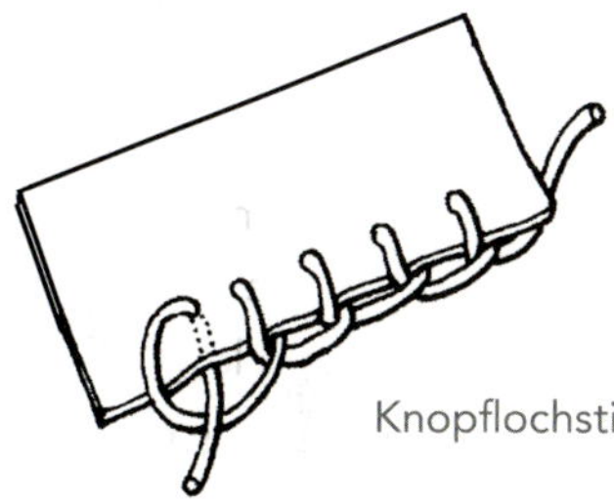

Knopflochstich

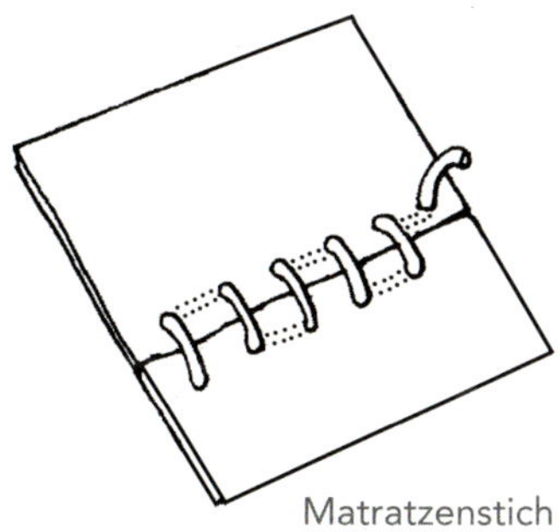

Matratzenstich

## Maßangaben für die einzelnen Püppchen

### Schneewittchen, Dornröschen, Prinzessin, Aschenputtel, Schwesterchen

Kopfumfang: 9 cm
Armlänge: 12 cm
(inklusive 2 x je 0,5 cm Umschlag für die Hände)
Bauchlänge: 4 cm
Bauchumfang: 7 cm
Beinlänge: 5 cm
Fußlänge: 3 cm
(inklusive je 1 cm Umschlag)

### Prinz, Frau Holle, Hexe, König, Königin

Kopfumfang: 10 cm
Armlänge: 13 cm
(inklusive 2 x je 0,5 cm Umschlag für die Hände)
Bauchlänge: 4 cm
Bauchumfang: 7 cm
Beinlänge: 5,5 cm
Fußlänge: 3 cm
(inklusive je 1 cm Umschlag)

## Sterntaler, Hänsel, Schneeweißchen, Rosenrot

Kopfumfang: 8 cm
Armlänge: 11 cm
(inklusive 2 x je 0,5 cm Umschlag für die Hände)
Bauchlänge: 3,5 cm
Bauchumfang: 6 cm
Beinlänge: 4,5 cm
Fußlänge: 2,5 cm
(inklusive je 1 cm Umschlag)

## Gretel

Kopfumfang: 7 cm
Armlänge: 10 cm
(inklusive 2 x je 0,5 cm Umschlag für die Hände)
Bauchlänge: 3 cm
Bauchumfang: 5,5 cm
Beinlänge: 4 cm
Fußlänge: 2,5 cm
(inklusive je 1 cm Umschlag)

## Daumesdick

Kopfumfang: 6 cm
Armlänge: 7,5 cm
(inklusive 2 x je 0,5 cm Umschlag für die Hände)
Bauchlänge: 3 cm
Bauchumfang: 5 cm
Beinlänge: 4 cm
Fußlänge: 1,5 cm
(inklusive je 0,5 cm Umschlag)

# Figuren und Bilder zu den Märchen

## Frühling

# Aschenputtel

## Märchenszene

Dieses Märchen bietet sich besonders für den Frühling an, wo wir auch draußen beobachten können, wie viele Zugvögel aus ihren südlichen Winterquartieren zu uns zurückkehren und beginnen ihre Nester zu bauen.

Wir hatten bei uns zu Hause die Szene am Fenster hängen, so dass es aussah, als kämen die Vögel direkt von draußen.

Das Aschenputtel habe ich in diesem Holzrahmen gestaltet, um Ihnen eine weitere Gestaltungsmöglichkeit für die Märchenszenen zu zeigen.

Eine solche hohle Baumscheibe können Sie manchmal über einen Förster erhalten oder auf einem Basar in einer Waldorfschule. Fragen Sie dort eventuell auch bei einem Werklehrer nach. Genauso gut können Sie das Aschenputtel aber auch in einen geflochtenen Kranz aus Weidenzweigen setzen. Eine Beschreibung hierzu finden Sie im Buch bei «Frau Holle».

Eine weitere Idee wäre eine Schachtel, die Sie mit Ihren Kindern zu einem Zimmer gestalten, in dem das Aschenputtel mit den Vögeln die Linsen vom Boden aufliest. Eine Beschreibung hierfür finden Sie am Ende dieses Kapitels.

## Material

*Weißer Filz für die Unterhose, grauer selbstgefilzter oder gekaufter Filz für das Kleid, hellgelbe Strangwolle für die Zöpfe, kleine Schüssel für die Linsen, Linsen, ausgehöhlte Baumscheibe oder Weidenkranz, eventuell Strohseide für den Hintergrund, Band zum Aufhängen, Bienenknet-*

*wachs in weiß und gelb für die Tauben und rot/schwarz für die anderen Vögel*

## Anleitung

### Aschenputtel

1. Fertigen Sie den Körper und Kopf des Püppchens gemäß Anleitung und Maßen im Abschnitt Grundformen. Das Aschenputtel hat Haare aus gelber Strangwolle.
2. Schneiden Sie aus dem Bastelfilz oder dem selbstgefilzten Filz das Kleid aus.
3. Nähen Sie es rechts und links zusammen und wenden Sie es.
4. Streichen Sie die Nähte gut aus.
5. Nähen Sie auf das Kleid einige Flicken auf, so dass es alt und gebraucht aussieht.
6. Ziehen Sie das Kleid dem Püppchen an und schneiden sie nun den Rocksaum und die Ärmelkanten nach Belieben etwas fransig ein.
7. Zuletzt ziehen Sie am oberen Halsausschnitt einen Kräuselfaden, ziehen ihn an und vernähen ihn.
8. Die Tauben sind aus weißem Bienenwachs geknetet. Sie haben gelbe Schnäbel und ihre Augen sind kleine schwarze Indianerperlen. Andere Vogelarten können Sie aus entsprechenden Farben kneten.

### Rahmen

1. Das Aschenputtel sitzt in einer ausgehöhlten Baumscheibe.
2. Die Vögel werden mit UHU Bastelklebstoff aufgeklebt.
3. Eventuell können Sie den Hintergrund des Rahmens mit Strohseide überkleben. Ich habe zur Auflockerung des Hintergrunds noch ein Fenster hineingeschnitten.

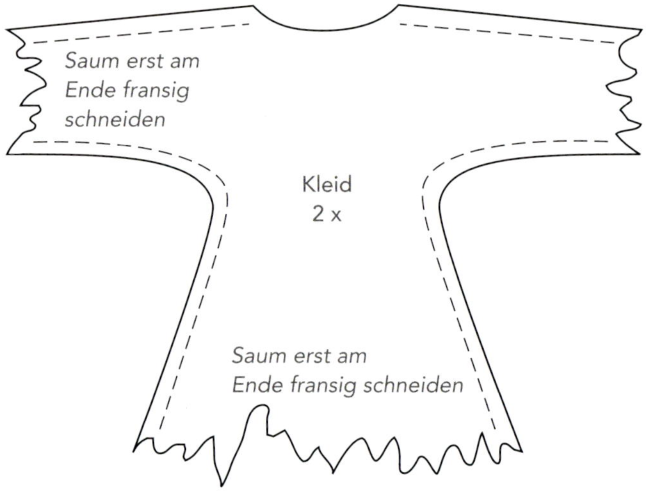


Das maßstabgetreue Schnittmuster entnehmen Sie bitte dem Schnittmusterbogen.

4. Kleben Sie in das Schüsselchen viele Linsen und geben Sie es Ihrem Aschenputtel in die Hand oder auf den Schoß.
5. Auch um das Aschenputtel herum können Sie noch einige Linsen aufkleben, die es für die Tauben und Aschenputtel noch aufzulesen gilt.

## Aschenputtel im Zimmer

### Material

*Weißes Unterteil einer Schuhschachtel für das Zimmer, Vogelsand für den Boden, Ponal Holzleim, Hobbyline Aeroplast Modelliermasse Granit für den Herd, kleiner Topf für den Herd, blaues und grünes Transparentpapier, Buntstifte*

### Anleitung

#### Zimmer

1. Schneiden Sie von der Schuhschachtel eine Längsseite heraus. Die andere Längsseite bildet den Boden.
2. Schneiden Sie die Seitenteile an den oberen vorderen Ecken rund ab.
3. Zeichnen Sie auf der Rückseite der hinteren Wand die Fenster ein. Nun werden bei beiden Fenstern die Fensterscheiben ausgeschnitten. Schneiden Sie wie auf dem Schnittmuster angegeben entlang den gestrichelten Linien. Das eine Fenster bleibt so. Beim anderen Fenster, bei dem die Fensterflügel nachher offen stehen, wird das Fenster zusätzlich am oberen Bogen und in der Mitte senkrecht aufgeschnitten und die Fensterflügel dann umgebogen. Schneiden Sie auch hier längs den gestrichelten Linien gemäß Schnittmuster.
4. Dann bemalen Sie Fensterrahmen und Fensterkreuz.
5. Nun schneiden Sie aus dem blauen Transparentpapier den Hintergrund für die Fenster aus. Achten Sie dabei darauf, dass das ausgeschnittene Transparentpapier etwas größer ist als das Fenster selbst, damit Sie es gut aufkleben können, wenn es fertig ist.

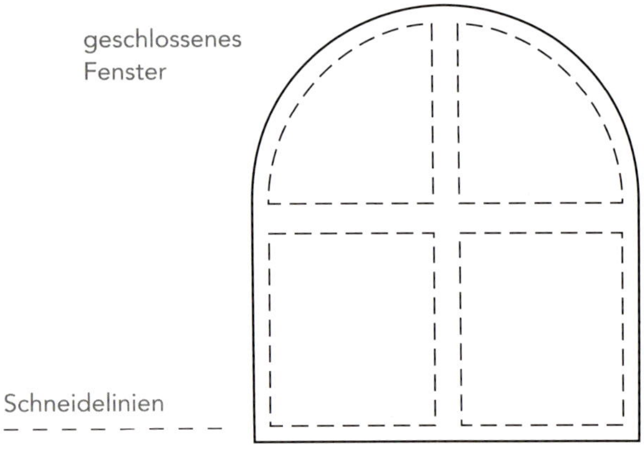


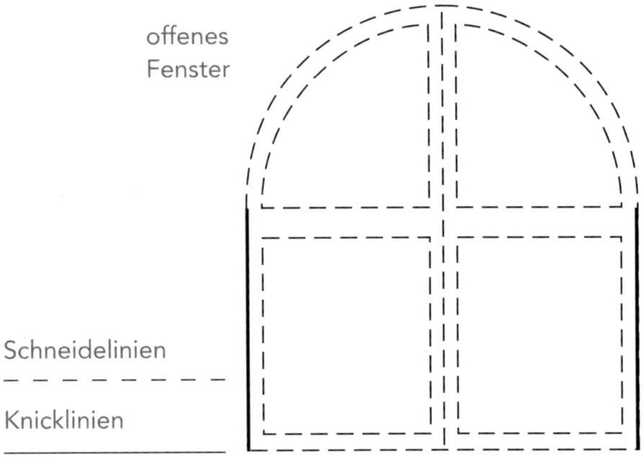


Das maßstabgetreue Schnittmuster entnehmen Sie bitte dem Schnittmusterbogen.

6. Aus dem grünen Transparentpapier können Sie angedeutete Tannenbaumspitzen von hinten auf das blaue Transparentpapier kleben. Auf das Fenster mit den geöffneten Flügeln können Sie noch mit einem angefeuchteten schwarzen Buntstift die Vögel aufmalen, die scharenweise aus der Ferne auftauchen, um Aschenputtel zu helfen.
7. Zuletzt kleben Sie die beiden Hintergründe auf die Rückseite der Schuhschachtel auf.

## Backofen

1. Formen Sie aus der selbsttrocknenden Aeroplast-Masse einen viereckigen Backofen.
2. Den Feuerbereich schneiden Sie mit einem Messer rund heraus und glätten ihn mit etwas Wasser.
3. Drücken Sie mit einem Messer die Steinkonturen in den Ofen.
4. Nun lassen Sie den Ofen 2 – 3 Tage lang gut austrocknen oder verfahren Sie, wie auf der Packungsanleitung der Masse angegeben.
5. In der Feuerstelle prasselt ein lustiges Feuer aus gelber und roter Märchenwolle.

## Boden

1. Bestreichen Sie den Zimmerboden mit Ponal Holzleim und schütten Sie etwas Vogelsand darauf. Drücken Sie beides gut zusammen und lassen Sie das Ganze danach gut trocknen.
2. Damit sich der Boden nicht zu sehr wellt, legen Sie zum Trocknen einige Steine darauf.
3. Nach dem Trocknen schütten Sie den überschüssigen Sand ab.
4. Verteilen Sie noch einige Linsen auf dem Zimmerboden, die dann von Aschenputtel und ihren Vögeln aufgelesen werden.

Auch diese Märchenszene erhält durch das Aufstellen von Kerzen hinter den Fenstern eine märchenhafte Stimmung.

# Schneeweißchen und Rosenrot

## Märchenszene

Schneeweißchen und Rosenrot ist ein Märchen, in dem sich viele Jahreszeiten finden lassen. Da jedoch für unsere Kinder die eindrücklichste Szene dieses Märchens das Ereignis der ersten Begegnung mit dem kleinen keifenden Zwerg auf der Wiese bei dem umgestürzten Baumstamm war, lasen wir dieses Märchen immer im Übergang zwischen Winter und Frühjahr vor. Zu dieser Jahreszeit war auch die Kälte, die der Bär mit ins Haus von Schneeweißchen und Rosenrot bringt, noch gut in Erinnerung.

Für Schneeweißchen und Rosenrot habe ich ein ausgedientes Holzkistchen (Clementinen) verwendet, bei dem ich die Vorderseite entfernt und die Innenseiten als Hintergrund in sanften Grün-Gelb-Tönen bemalt habe.

Der Zwerg, der seinen Bart in einem Baumstamm eingeklemmt hat, ist einer der Zwerge von Schneewittchen.

Dieses Märchen können Sie auch langsam aufbauen, indem zuerst Schneeweißchen und Rosenrot auf der Wiese erscheinen und erst später der Zwerg und der Baumstamm dazukommen.

«Schneeweißchen und Rosenrot» war bei unserer Tochter und ihren Freundinnen ein sehr beliebtes Märchen. Es lud immer wieder dazu ein, es mit Besuchskindern auch als Rollenspiel zu spielen. Und selbst Jungen waren nicht abgeneigt mitzuspielen. Ihnen bot sich die Rolle der Zwergs oder des Bären an.

## Material

### Schneeweißchen und Rosenrot

*Weiße und rote Seide für die Kleidchen, weißer und roter Filz für die Kleidoberteile, 1cm breites Gummiband für die Unterhosen, rote Samtborte für das Haarkränzchen und den Gürtel von Rosenrot, weißes Satinband für den Gürtel und das Haarkränzchen von Schneeweißchen, rote und weiße Märchenwolle für die Rosen der Haarkränzchen, weißer Filz für den Kragen von Schneeweißchen, schwarzer und hellblonder Langhaar-Webpelz für die Haare*

### Wiese mit Grashalmen und Blumen

*Schmierseifenlösung, grüne Schafwolle für die Wiese, bunte Märchenwolle für die Blüten, grüne Märchenwolle für die Grashalme und Stängel, Wäschesprüher, Unterlage, Handtuch*

### Baum

*Rebdraht (papierumwickelter Draht, wird zum Befestigen von Pflanzen verwendet; je nach Dicke des Baums benötigen Sie 30 Drähte), Märchenwolle in Brauntönen*

## Anleitung

### Püppchen

Fertigen Sie die Püppchen gemäß Grundform. Die Maßangaben finden Sie im entsprechenden Kapitel.

### Kleid

Die Kleidchen von Schneeweißchen und Rosenrot sind bis auf die Farbe und den Kragen beim Schneeweißchen identisch. Daher sind beide Kleidchen nachfolgend in einem beschrieben.

1. Schneiden Sie aus der Seide das Kleidchen gemäß Schnittmuster zu.
2. Schließen Sie die Seiten- und Armnähte.
3. Schneiden Sie den Stoff unter der Achsel 4- bis 5-mal ein, damit sich der Stoff dort nach dem Wenden nicht zusammenzieht.
4. Nun wird das Kleidchen gewendet und eventuell ausgebügelt.
5. Kräuseln Sie das Kleidchen am Halsausschnitt und an den Handgelenken ein.
6. Den Saum des Kleidchens können Sie nach Belieben umschlagen und hochnähen oder den Rand entsprechend der Länge Ihres Püppchens auch einfach nur abschneiden.

### Kleidoberteil

1. Schneiden Sie aus weißem beziehungsweise rotem Filz das Oberteil für das Kleidchen aus.
2. Nähen Sie die Armnähte zusammen.
3. Nun wenden Sie das Oberteil und ziehen Sie es dem Püppchen an.
4. Schließen Sie die Rückennaht mit ein paar kleinen Stichen.

### Kragen Schneeweißchen

Schneeweißchen bekommt noch einen weißen Filzkragen. Schneiden Sie diesen aus weißem Filz zu, legen Sie ihn ihm um den Hals und schließen Sie ihn hinten mit 2 – 3 kleinen Stichen.

### Unterhose

Die Arbeitsanleitung für die Unterhose finden Sie bei der Gretel im Kapitel «Hänsel und Gretel».

### Haare

Die Haare werden aus Langhaar-Webpelz und Lockenwolle gefertigt. Schneeweißchen hat hellblonde Haare, die Haare von Rosenrot sind schwarz.

Die Arbeitsanleitung hierzu finden Sie im Kapitel «Grundformen und Techniken» im Abschnitt «Gestalten des Kopfes, Haare aus Webpelz».

### Haarkränzchen

1. Schneiden Sie das Haarband entsprechend dem Kopfumfang zu und nähen Sie es hinten zusammen.
2. Für die Rosen am Haarkränzchen zwirbeln Sie kleine Flocken Märchenwolle zu kleinen Kügelchen zusammen und befestigen sie mit kleinen Stichen auf dem Haarband.

Schneeweißchen hält in der Hand ein Stück des abgeschnittenen Zwergenbarts.

### Wiese

Die Wiese ist ein aus 4 Lagen Schafwolle hergestellter Spielteppich.

Die Blumen wurden aufgenadelt. Die plastisch wirkenden Pflanzen im Hintergrund wurden zuerst nass gefilzt und dann aufgenadelt.

### Blüten filzen

#### ★ Anmerkung

Für die hier verwendete Wiese müssen die Blüten natürlich sehr klein sein. Verwenden Sie daher immer nur einige wenige Märchenwollfasern.

1. Legen Sie die Märchenwollfasern zu einem Kreis.
2. Legen Sie in die Mitte des Kreises einige andersfarbige Fasern.
3. Besprühen Sie die Fasern mit der Schmierseifenlösung und reiben Sie vorsichtig darüber.
4. Wenn sich die Fläche verdichtet hat, legen Sie den Kreis 2 x in der Mitte zusammen und rollen Sie ihn leicht auf der Unterlage hin und her. Zum Schluss üben Sie mehr Druck auf das untere Ende aus. Wenn Sie das Ganze nun wieder auffalten, sollte eine kelchartige Blüte entstanden sein.

#### ★ Tipp

Sollte sich der Kreis nicht mehr öffnen lassen, war die Fläche vor dem Zusammenfalten nicht genügend verdichtet. Sie können sie aber noch gut als Knospe verwenden.

## Grashalme und Stängel

1. Legen Sie einen dünnen Strang grüner Märchenwolle auf eine Noppenfolie.
2. Besprühen Sie den Strang mit Schmierseifenlösung und rollen Sie ihn vorsichtig hin und her, bis er sich sehr fest verdichtet hat. An einem Ende sollten Sie ihn möglichst ca. 0,5 mm nicht nass werden lassen. An diesem Ende wird er an der Wiese festgenadelt. Sollte er zu locker gefilzt sein, wird er als Grashalm oder Stängel umknicken.
3. Wenn Sie den gefilzten Strang nicht als Grashalm, sondern als Blumenstängel verwenden wollen, nadeln Sie nun die Blüte an deren Kelch fest an den Stängel.
4. An der trockenen Seite ziehen Sie die Wolle wieder etwas auseinander und nadeln Sie den Grashalm oder Blumenstängel auf der Wiese fest.

## Baum

Der Baum besteht aus einem Gerüst aus Drähten (Rebdraht), das nach Ausgestaltung mit brauner Märchenwolle umwickelt wird.

1. Nehmen Sie die Rebdrähte auf gleicher Länge zu einem Büschel zusammen.
2. Fangen Sie an, die Drähte etwa in der Mitte 3-mal als Stamm in sich zu verdrehen.
3. Teilen Sie die nach unten liegenden Drähte unterhalb des Stamms in 3 bis 4 Teile und verdrehen Sie sie als Wurzeln ineinander.
4. Die Drähte oberhalb des schon gestalteten Stamms ergeben die Äste des Baums. Nehmen Sie dafür immer jeweils 3 Drähte und verdrehen Sie sie ebenfalls ineinander. Sollten die Äste weiter verästelt sein, so nehmen sie einen dieser Astdrähte und verdrehen Sie ihn nur ein Stück mit den beiden anderen.
5. Nun ist das Drahtgerüst des Baums fertig (siehe Abb.1).
6. Umwickeln Sie, am Stamm beginnend, die Äste fest mit der braunen Märchenwolle. Verzwirbeln Sie am äußersten Astende die Märchenwolle etwas zwischen den Fingern.
7. Umwickeln Sie dann ebenfalls mit der Märchenwolle den Stamm und die Wurzeln (siehe Abb. 2).
8. Wollen Sie den Baum für ein anderes Märchen in einer anderen Jahreszeit verwenden, können Sie zwischen die Äste kleine grüne Flocken Märchenwolle stecken (siehe Abb. 3).

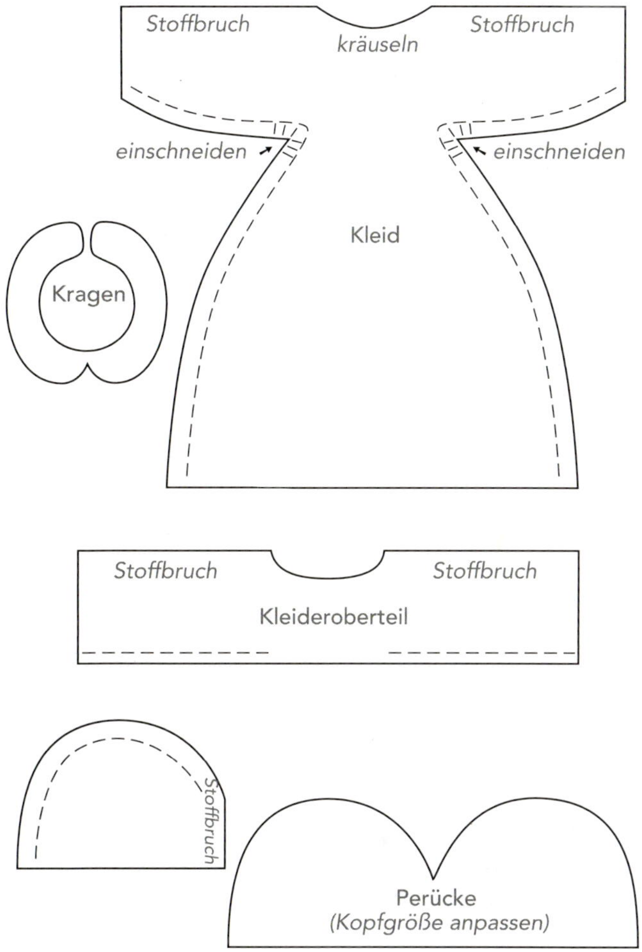


Die maßstabgetreuen Schnittmuster entnehmen Sie bitte dem Schnittmusterbogen.

# Rapunzel

## Märchenszene

Auch die Variante, ein Märchen in Form eines Wollbilds darzustellen, ist sehr stimmungsvoll (siehe auch Abb. auf S. 35).

Neben der Idee, es auch als Geschenk zu verwenden, hing ein solches Wollbild auch einmal für längere Zeit am Bett eines kranken Kindes und begleitete es auf seinem Genesungsweg.

Im Rapunzelmärchen spielt der Rapunzel- oder Ackersalat eine wichtige Rolle. Und da die Erntezeit dieses Salats im Winter und beginnenden Frühjahr liegt, haben wir dieses Märchen auch immer um diese Jahreszeit vorgelesen. Für unsere Kinder war dies immer wieder eine Motivation, den Rapunzelsalat nach dem Vorlesen des Märchens zu essen.

## Material

*Filzplatte 38 cm x 58 cm, Styroporplatte als Unterlage (mindestens 2 cm dick), Filznadel, ein kurzes Stück Goldband für die Prinzenkrone, Märchenwolle in folgenden Farben: weiß, grau, braun, schwarz, rot, gelb, türkis, hautfarben, diverse Grüntöne, hellbraun, lila, rosa, hellgelbe Strangwolle für die Haare*

## Anleitung

Als Untergrund für diese Bild habe ich eine handgefertigte Filzplatte verwendet. Diese Filzplatten sind in den meis-

ten Bastelgeschäften erhältlich. Der fertige Industriefilz in dieser Stärke ist nur unwesentlich billiger, eignet sich aber zum Nadelfilzen nicht, da er schon zu sehr verdichtet ist und es dadurch sehr mühsam ist, darauf zu nadeln. Auch brechen die Filznadeln darauf sehr schnell ab.

1. Der Rapunzelturm ist das wichtigste Element in diesem Bild. Beginnen Sie damit, indem Sie weiße und rote Schafwolle in die Form des Turmes und des Daches bringen und auf den Filzuntergrund legen.
2. Nadeln Sie dann die weiße und rote Wolle locker auf. Locker aufnadeln heißt, dass Sie die Wolle nur an manchen Stellen annadeln. Verdichten Sie nicht die ganzen Flächen. An den Rändern stechen Sie oft ein und verdichten den Filz gut, so dass die Konturen klar sichtbar werden.
3. Dieses Prinzip gilt für alle Gegenstände und Personen auf dem Bild.
4. Für die Steinkonturen ziehen Sie das Schafwollvlies in schmale dünne Fäden und nadeln Sie sie unregelmäßig, aber fest verdichtend auf. Dadurch wirken die Steine plastischer, weil die locker aufgenadelte weiße Schafwolle leicht hervortritt.
5. Nadeln Sie nun die Fensterläden und das Fenster, aus dem danach das Rapunzel schaut, auf.
6. Nun werden Kopf und Körper des Rapunzel im Fenster platziert und festgenadelt.
7. Der Zopf des Rapunzel wird gesondert aus hellgelber Strangwolle geflochten. Den oberen ungeflochtenen Teil legen Sie locker um den Kopf des Rapunzel und nadeln ihn gut fest. Der Zopf selbst wird leicht angenadelt, damit er immer noch plastisch wirkt.
8. Nun können Sie die Alte, die an dem Zopf hochsteigt, über den Zopf nadeln.

9. Anschließend entstehen durch lockeres Aufnadeln der Weg, die Wiese, sie Büsche, der Tannenbaum und die Wolken.
10. Dann werden der Baum, die Pilze, der Vogel und der Königssohn aufgenadelt.
11. Sollte Ihnen etwas nicht gelingen oder nicht gefallen, können Sie jederzeit die Wolle wieder vorsichtig abziehen und so das Bild nach Ihrem Geschmack korrigieren.
12. Zuletzt nähen Sie dem Königssohn ein kleines Stück Goldband als Krone am Kopf fest.

# Figuren und Bilder zu den Märchen

## Sommer

# Dornröschen

## Märchenszene

Das Märchen von Dornröschen bietet sich für den Sommer an, da nun auch draußen in der Natur die Rosen in voller Blüte stehen und Sie zur Dekoration auch echte Rosenköpfchen verwenden können.

Die Kulisse für das schlafende Dornröschen bildet das Schloss aus Tonkarton.

Märchenhaft schön sieht es aus, wenn Sie abends die Turmfenster beleuchten, indem Sie Kerzen oder Teelichter dahinterstellen. Auch lässt sich der Vorhang des Turms auf- und zuziehen, so dass Kinder, wenn der Märchenabend zu Ende ist, die Kulisse schließen können und das Dornröschen friedlich weiterschlafen kann.

In den letzten Tagen, wenn Sie das Märchen schon oft vorgelesen haben, könnte der Prinz erscheinen, die Rosenranken «durchschlagen» und ganz zum Schluss das Dornröschen wachküssen.

## Material

### Für Dornröschen

*Rosa Seide, verschiedene Samtbänder in Rosa-Tönen, rosa Nähseide, dünnes Baumwollgarn für den Schleierkranz, Märchenwolle in rot oder rosa für die Blüten auf dem Schleierkranz, Lockenwolle für die Haare, weißer Filz für die Unterhose*

### Für die Spindel

*Ein Schaschlikstab, eine kleine runde Holzscheibe, Schafwolle, ein Streichholz*

### Für das Bett

*Weiße Baumwolle, Schafwolle, ein Reststück Spitzenstoff, ein Brettchen oder Pappe, 4 Kugeln als Bettfüße*

### Für den Prinz

*Blauer Pannesamt (eventuell in unterschiedlichen Farbtönen) für Hemd, Hose und Umhang, blauer Filz für die Oberhose, schwarzer Filz für Schuhe, 0,5 cm breite Goldborte für die Krone und den Umhang, 1 cm breite Goldborte für den Gürtel, Karton oder stärkere Silberfolie für das Schwert*

### Für das Schloss

*Grauer Tonkarton, graues Tonpapier, dunkelblaues Transparentpapier, ein kleines Stück weißes Transparentpapier, Buntstifte (eventuell wasservermalbar), schwarzer Filzstift, Blumendraht, Seide für die Vorhänge, grüne Schafwolle für die Büsche, dünner grüner Draht und rosa und grüne Schafwolle für die Rosen*

## Anleitung

### Dornröschen

1. Fertigen Sie das Püppchen gemäß Grundform. Die genauen Maßangaben finden Sie auf S. 32 / 33.
2. Dornröschen hat als einzige Märchenfigur geschlossene Augen. Dafür befestigen Sie einen dunkelbraunen doppelt genommenen Nähseidenfaden am Hinterkopf und ziehen ihn von hinten nach vorne an die Stelle, an der die Augen sitzen. Deuten Sie die geschlossenen Augen durch einen kleinen Querstich an. Dann nadeln Sie die Augenhöhlen darüber, indem Sie immer wieder so lange an der Augenlinie einstechen, bis sich die Augenlider plastisch hervorheben.

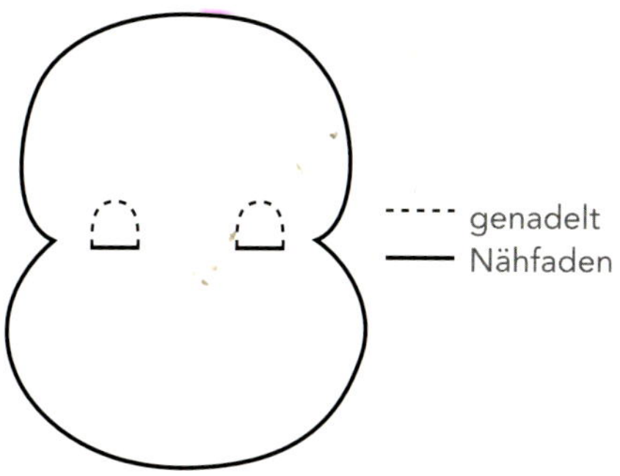


### Kleid

1. Messen Sie die Länge Ihres Püppchens genau ab, damit das Kleid nicht zu kurz wird. Es sollte etwas länger als Ihr Püppchen sein, so dass das Kleid beim Liegen auch über die Füße fällt. Bedenken Sie dabei, dass die Schärpe das Kleid etwas nach oben zieht.
2. Schneiden Sie das Kleid ohne Nahtzugabe aus rosa Seide aus.
3. Nähen Sie das Kleid, wie auf dem Schnitt angezeichnet, links und rechts zusammen.
4. Nun schneiden Sie den überstehenden Stoff an den Achseln bis kurz an die Naht 5- bis 6-mal leicht ein. Dies verhindert, dass sich der Stoff zusammenzieht, wenn das Kleid gewendet wird.
5. Wenden Sie das Kleid und bügeln Sie es vorsichtig.
6. Nun wird das Kleid angezogen. Zuerst wird der Halsausschnitt genäht. Dazu falten Sie einen kleinen Saum, vernähen den Faden und nähen mit kleinen Kräuselstichen um den Halsausschnitt den Saum fest. Dann ziehen Sie den Faden an, bis der Halsausschnitt die gewünschte Weite hat.
7. Verfahren Sie mit den Ärmeln genauso.
8. Binden Sie ein Samtband als Schärpe unter den Armen fest.

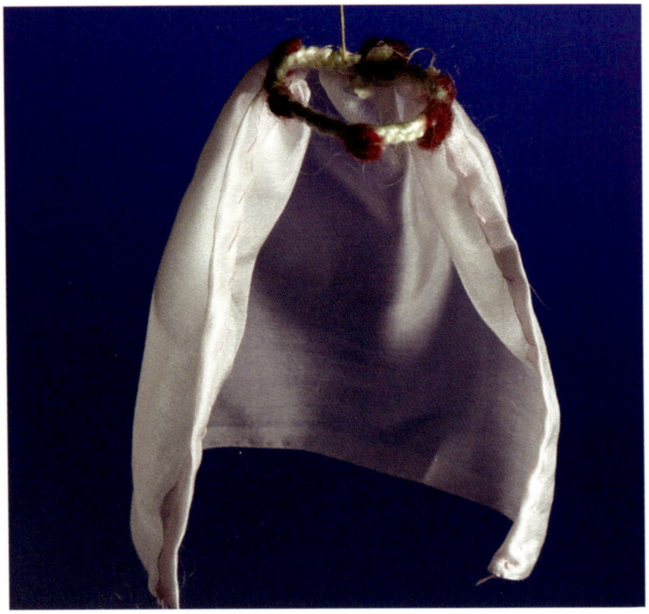

9. Stecken Sie auf den Saum am unteren Kleidende eine schmale Samtborte an und nähen Sie diese mit Vorstichen an.

## Unterhose

1. Für die Unterhose schneiden Sie aus weißem Filz ein 13 x 5 cm großes Rechteck aus.
2. Klappen Sie das Filzstück, wie auf dem Schnittmuster zu sehen, an den Seiten aufeinander (Stern auf Stern, Kreis auf Kreis usw.).
3. Schneiden Sie das Filzstück nun, wie auf dem Schnittmuster angegeben, unten in der Mitte ein.
4. Schließen Sie zuerst die rückwärtige Naht mit kleinen Knopflochstichen, dann die Beinnaht mit kleinen Steppstichen.
5. Wenden Sie das Höschen und streichen Sie die Nähte gut aus.
6. Oben und an den Beinen wird ein Kräuselfaden eingezogen. Dann wird die Hose dem Püppchen angezogen und an den Beinen etwas hochgeschoben, die Kräuselfäden werden angezogen und dann vernäht.

## Haare

Eine genaue Beschreibung finden Sie im entsprechenden Kapitel über die Haare am Anfang des Buchs.

## Schleierkranz

1. Schneiden Sie ein Stück rosa Seide mit den Maßen 17 cm x 22 cm (Länge x Breite) zu. Säumen Sie es rechts und links ein. Wenn möglich sollte die untere Kante des Schleiers die Webkante sein.
2. Flechten Sie aus Baumwollgarn oder Knopflochseide ein Band in der Größe des Kopfs als Haarkranz und nähen Sie es hinten zusammen.
3. Kräuseln Sie den Stoff des Schleiers so weit ein, dass er die Weite von einem bis zum anderen Ohr bekommt. Hierzu verfahren Sie, wie beim Halsausschnitt beschrieben.
4. Nähen Sie den Stoff nun mit kleinen Stichen an den geflochtenen Haarkranz.
5. Zum Schluss zwirbeln Sie einige rote oder rosa Schafwollfäden zu kleinen Kugeln und nähen sie als Rosen rings um den Haarkranz fest.
6. Befestigen Sie mit ein paar Fadenstichen die Haare auf dem Kopf und nadeln Sie sie wenn nötig noch an manchen Stellen fest.
7. Ziehen Sie dem Püppchen den Schleierkranz auf den Kopf.

★ Anmerkung

Diesen Kranz kann man auch in groß, für die Verkleidungskiste, das Geburtstagskind etc. anfertigen.

## Prinz

Fertigen Sie das Püppchen gemäß Grundform. Die genauen Maßangaben finden Sie im entsprechenden Kapitel.

### Hose

1. Die Hose wird aus Pannesamt gefertigt. Pannesamt ist ein elastischer Stoff, daher wirken die fertig genähten Teile etwas schmaler. Der Stoff dehnt sich jedoch beim Anziehen. Zudem ist ein Versäubern der Kanten bei Pannesamt nicht notwendig, da er nicht ausfranst.
2. Legen Sie das Schnittmuster auf den rechts auf rechts gelegten Pannesamt und stecken Sie dieses Muster gut fest. Pannesamt ist etwas schwierig zu nähen, daher nähe ich ihn immer **vor** dem Ausschneiden. Umfahren Sie nun das Muster mit einem Stift und stecken Sie den Stoff auch außerhalb des Musters vor dem Nähen aufeinander.
3. Nähen Sie zuerst die Seitennähte zusammen. Dann schließen Sie die Innennaht.
4. Jetzt schneiden sie die Hose aus. Messen Sie sicherheitshalber die Beinlänge des Püppchens und kürzen Sie die Hose gegebenenfalls.
5. Nun wenden Sie die Hose und ziehen sie dem Püppchen an.
6. Ziehen Sie am oberen Rand der Hose einen Kräuselfaden ein und ziehen Sie die Hose auf die benötigte Breite zusammen. Der Kräuselfaden wird dann vernäht.

### Hemd

1. Der Stoff wird rechts auf rechts zusammengelegt und festgesteckt. Dann werden  die Seitennähte vor dem Ausschneiden geschlossen.
2. Schneiden Sie nun das Hemd aus.
3. Schneiden Sie den Stoff unter den Armen 4- bis 5-mal quer bis zur Naht ein, damit sich der Stoff beim Wenden nicht zusammenzieht und Falten bildet.

4. Nun wird das Hemd gewendet und die Nähte mit dem Daumen gut ausgestrichen.
5. Jetzt ziehen Sie das Hemd Ihrem Püppchen an. Am Halsausschnitt ziehen Sie einen Kräuselfaden ein, ziehen ihn um den Hals herum an und vernähen ihn.

### Überhose

1. Schneiden Sie aus Filz die Überhose 2-mal aus.
2. Nähen Sie die Seitennähte und die Mittelnaht zusammen.
3. Wenden Sie die Hose und streichen Sie die Nähte gut aus.
4. Ziehen Sie am oberen Rand der Überhose und an den Beinabschlüssen je einen Kräuselfaden ein.
5. Jetzt ziehen Sie die Hosen dem Püppchen an. Dabei wird das Hemd in die Hose gesteckt. Der oberen Kräuselfaden wird nun zusammengezogen und vernäht.
6. Schieben Sie die beiden Hosenbeine wie bei einer Pumphose nach oben. Die Kräuselfäden der Hosenbeine werden nun ebenfalls angezogen und vernäht.
7. Für den Gürtel der Hose verwenden Sie eine ca. 1 cm breite Goldborte. Legen Sie sie dem Püppchen um den Bauch und nähen Sie sie mit 2 Stichen zusammen. Eventuell müssen Sie den Gürtel rings herum mit einigen Stichen festnähen, damit er nicht verrutscht.

### Umhang

1. Schneiden Sie für den Umhang ein Rechteck von 10 x 21 cm aus Pannesamt aus.
2. Für den Umschlag an oberen Rand des Umhangs benötigen Sie zusätzlich ein Rechteck von 2 x 21 cm aus dem gleichen Material. Schneiden Sie dieses ebenfalls aus.
3. Kleben Sie auf der linken Seite (d.h. der Innenseite des Stoffs) des kleinen Rechtecks eine ca. 0,5 cm breite Goldborte auf.
4. Die Rechtecke werden nun aufeinander gelegt, so dass bei dem großen Rechteck die Samtseite außen sichtbar ist, bei dem kleinen Rechteck die Stoffinnenseite mit der Goldborte.
5. Ziehen Sie am oberen Rand der beiden aufeinander gelegten Teile einen Kräuselfaden ein, um diese miteinander zu befestigen. Ziehen Sie den Kräuselfaden soweit zusammen, dass der Umhang vorne geschlossen werden kann.
6. Den Umhang können Sie entweder am Püppchen fest annähen oder einen Verschluss in Form einer kleinen Perle und eines Riegels anbringen. Perle und Riegel haben den Vorteil, dass Sie dem Prinz für ein anderes Märchen den Umhang ausziehen und gegebenenfalls einen Umhang in anderer Farbe anziehen können. So ist diese Märchenfigur mehrfach einsetzbar, ohne immer völlig gleich auszusehen.
7. Zuletzt werden noch die zwei Armausschnitte an der entsprechenden Stelle des Umhangs ausgeschnitten, damit die Arme durch den Umhang durchgesteckt werden können.

### Stiefel

1. Schneiden Sie aus schwarzem Filz die Sohlen und Oberteile der beiden Stiefel zu.
2. Die obere Stiefelhälfte wird bis zur Markierung links auf links zusammengenäht.
3. Stecken Sie nun die Sohle von der Fersenseite des Stiefels beginnend an der oberen Stiefelhälfte fest (eventuell auch leicht anheften). Dann nähen Sie die beiden Teile zusammen. Verfahren Sie bei dem zweiten Stiefel genauso.

4. Wenden Sie die Stiefel und ziehen Sie sie dem Püppchen an.
5. Schließen Sie nun den oberen Teil des Stiefels mit überkreuzten Stichen, so dass es aussieht, als wäre ein Schnürsenkel eingezogen. Eine andere Möglichkeit wäre, die oberen Ecken des Stiefelschafts rechts und links zur Seite zu kleben.

## Krone und Schwert

1. Als Krone wird am Kopf des Püppchens eine ca. 0,5 cm breite Goldborte befestigt.
2. Das Schwert wird aus festerem Karton ausgeschnitten und silbern bemalt oder aus starker Silberfolie hergestellt.

## Spindel

1. Bohren Sie in die Mitte der Holzscheibe ein kleines Loch mit dem Durchmesser des Schaschlikspießes. Kürzen Sie den Spieß auf die gewünschte Länge und kleben Sie diesen im Loch fest.
2. Lassen Sie das Ganze gut trocknen.
3. Befestigen Sie am oberen Ende des Schaschlikspießes eine Schafwollflocke, indem Sie sie leicht ankleben. Dann umwickeln Sie die Flocke mit einem dünnen Faden aus Schafwolle im unteren Drittel einmal und knoten den Faden fest. Dieser Schafwollfaden kann so lang sein, dass Sie auch das Streichholz damit umwickeln können. Das Streichholz bildet die eigentliche Spindel.
4. Zupfen Sie zum Schluss die Wolle in die gewünschte Form.

## Bett

1. Für das Bett selbst verwenden Sie ein Holzbrettchen oder Pappe mit den Maßen 7 cm x 14 cm. Sollten Sie ein Holzbrettchen benützen, so schmirgeln Sie die Kanten etwas glatt. Kleben Sie als Bettfüße an jede Ecke des Brettchens je eine Holzperle.
2. Für das Kissen schneiden Sie ein Stück weißer Spitze in der Größe 4 x 10 cm zurecht. Das Stück wird in der Mitte zusammengefaltet. Dann werden die Kanten mit

Kräuselstichen (ohne zusammenzuziehen) geschlossen. Kurz vor dem endgültigen Schließen schieben Sie noch eine Schafwollflocke als Füllung in das Kissen.

3. Für die Matratze werden 2 Stücke von jeweils 15 x 8 cm aus weißem Baumwollstoff ausgeschnitten. Die beiden Stücke nähen Sie an 3 Seiten mit Steppstichen 0,5 cm vom Rand entfernt zusammen. Wenden Sie das Ganze und bügeln Sie es aus. Eventuell können Sie die Matratze leicht mit Schafwolle ausstopfen. Zum Schluss wird sie an der noch offenen Seite mit Matratzenstichen zusammengenäht.

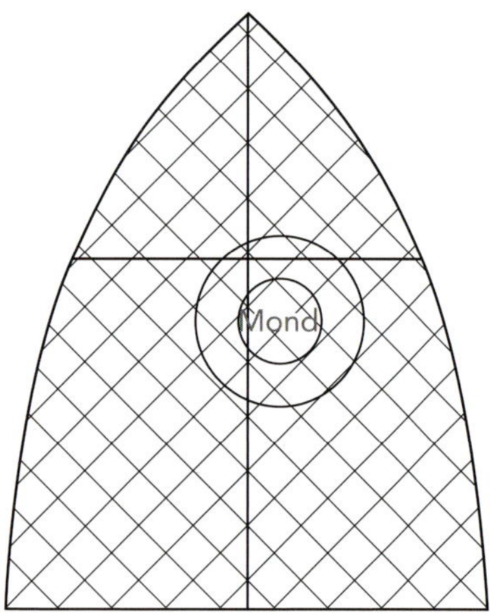


Fenster

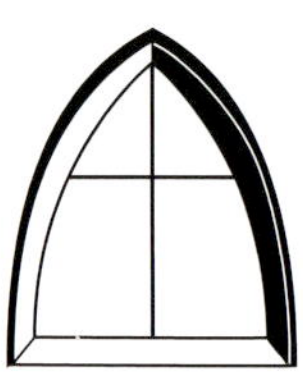

Fenster links

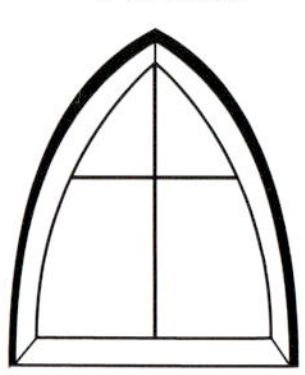

Fenster Mitte

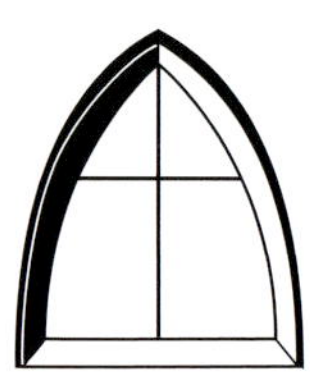

Fenster rechts

Die maßstabgetreuen Schnittmuster entnehmen Sie bitte dem Schnittmusterbogen.

## Schloss

1. Schneiden Sie aus dem grauen Tonkarton ein Rechteck aus. Die Größe beträgt 27 cm in der Höhe und 44 cm in der Breite. Dieses Rechteck bildet die Turmmauer des Märchenschlosses von Dornröschen.
2. Am oberen Rand werden die Turmzinnen angezeichnet und ausgeschnitten.
3. Zeichnen Sie mit der Fensterschablone auf dem Karton 3 Fenster ein und schneiden Sie sie aus. Beachten Sie, dass der Abstand von der unteren Kante des Kartons bis zur Unterkante des Fensters ca. 8 cm beträgt.
4. Legen Sie nun das Tonpapier unter den Karton und übertragen Sie die Fenster auf das Tonpapier. Dann werden auch diese ausgeschnitten. Das Tonpapier bildet später die Rückseite des Schlosses, so dass man am Schluss die Klebestelle der Fenster nicht mehr sieht.
5. Ummalen Sie den Rand des Fensters auf der Innenseite des Tonkartons, so dass es etwas plastisch wirkt.
6. Malen Sie auf die Kartonwand innen Rosenranken und Blätter. Hierzu empfehlen sich wasservermalbare Buntstifte. Verwenden Sie das Wasser sparsam, damit sich der Karton nicht durch zu viel Wasser wellt. Sie können aber auch jede andere Art von Bunt- oder auch Wachsstiften verwenden.
7. Hinterkleben Sie nun die Fenster mit blauem Transparentpapier.
8. Für den Mond schneiden Sie ein Loch etwa in der Größe eines 2-Euro-Stücks in eines der Fenstertransparente. Hinterkleben Sie das Loch mit einem weißen Transparentpapier. Auf dieses weiße Transparentpapier kleben Sie noch einen weiteren, etwas kleineren Kreis, ebenfalls aus weißem Transparentpapier.
9. Mit schwarzem Filzstift werden nun noch das Fenster-

kreuz und das Gitter auf die Fenstertransparente aufgemalt (siehe Fensterschablone).

10. Kleben Sie das Tonpapier auf die Rückseite des Tonkartons.
11. Für den Boden schneiden Sie aus dem grauen Tonkarton einen Streifen von 68 cm Länge und 5 cm Breite zu. Unterteilen Sie die 5 cm Breite durch einen Strich in 2 cm und 3 cm. Knicken Sie den Karton auf diesem Strich gut um. Gegebenenfalls können Sie den Karton auf dem Strich mit einem Messer leicht anritzen, um das Umknicken zu erleichtern. Schneiden Sie nun den Karton auf der 3-cm-Seite alle 0,5 cm bis zu dem Knick ein. Schließen Sie den Streifen zu einem Kreis und fixieren Sie ihn mit einer Heftklammer. Auf die eingeschnittene Seite kleben Sie einen Kreis aus Tonkarton mit einem Radius von 10,8 cm. Auf diesen Kreis malen Sie zuvor mit schwarzem Buntstift unregelmäßige Steinmuster auf (siehe Zeichnung).
12. Kleben Sie die Turmmauer in den Boden. Streichen Sie dazu den Rand des Bodens zur Hälfte mit Klebstoff ein (z.B. UHU Bastelkleber). Rechts und links kann die Mauer mit Heftklammern festgetackert werden.
13. Rechts und links wird nun mit einer Schere ca. 5 cm vom oberen Rand und ca. 1 cm vom rechten bzw. linken Rand ein kleines Loch gebohrt. Damit die Turmmauer rechts und links oben nicht auseinanderklafft, wird später zur Stabilisierung ein mit grüner Märchenwolle umwickelter Draht vom rechten zum linken Loch eingezogen und befestigt.
14. Auf diesen Draht werden zuvor (!) die beiden Seidenvorhänge aufgezogen. Schneiden Sie dafür aus Seide zwei Rechtecke von je 25 cm Breite und ca. 21 cm Länge aus. Die genaue Länge sollten Sie an Ihrem Schloss nachmessen. Schlagen Sie den Stoff oben so weit um, dass Sie den umwickelten Draht später leicht durchschieben können. Nähen Sie dieses umgeschlagene Stück an der unteren Kante mit kleinen Kräuselstichen fest. Den Faden ziehen Sie aber nicht fest. Die restlichen Kanten werden umsäumt.
15. Befestigen Sie den Draht und die Vorhänge an den Turmmauern wie oben beschrieben. Schieben Sie die Vorhänge auf die rechte bzw. linke Seite und binden Sie sie mit Schafwolle, Wolle oder einer Kordel zusammen. So können die Vorhänge nach Belieben zu- und aufgezogen werden. Manche Kinder finden es sehr schön, wenn nach dem Erzählen das Dornröschen hinter seinem Vorhang wieder schlafen darf.
16. Für die Rosenranken rund ums Schloss zupfen Sie aus rosa Schafwolle kleine Büschelchen, die die Rosenblüte ergeben. Umwickeln Sie diese unten fest mit grüner Schafwolle, so dass sie die Blüte als Blütenkelch umschließen. Eventuell können Sie die Rose an dieser Kelchstelle mit 2 – 3 Stichen mit der Filznadel fixieren.
17. Nehmen Sie einen grünen Blumendraht, dessen Länge Sie nach Belieben wählen können. Wickeln Sie daran Blüte um Blüte am Blumenkelch auf (1- bis 2-mal den Draht um die Blüte wickeln).
18. Dekorieren Sie diese Blütenketten nach Belieben um das Schloss.
19. Die Büsche neben dem Schloss sind aus locker gezupfter ungesponnener grüner Schafwolle. Nadeln Sie diese mit der Filznadel leicht in Form.

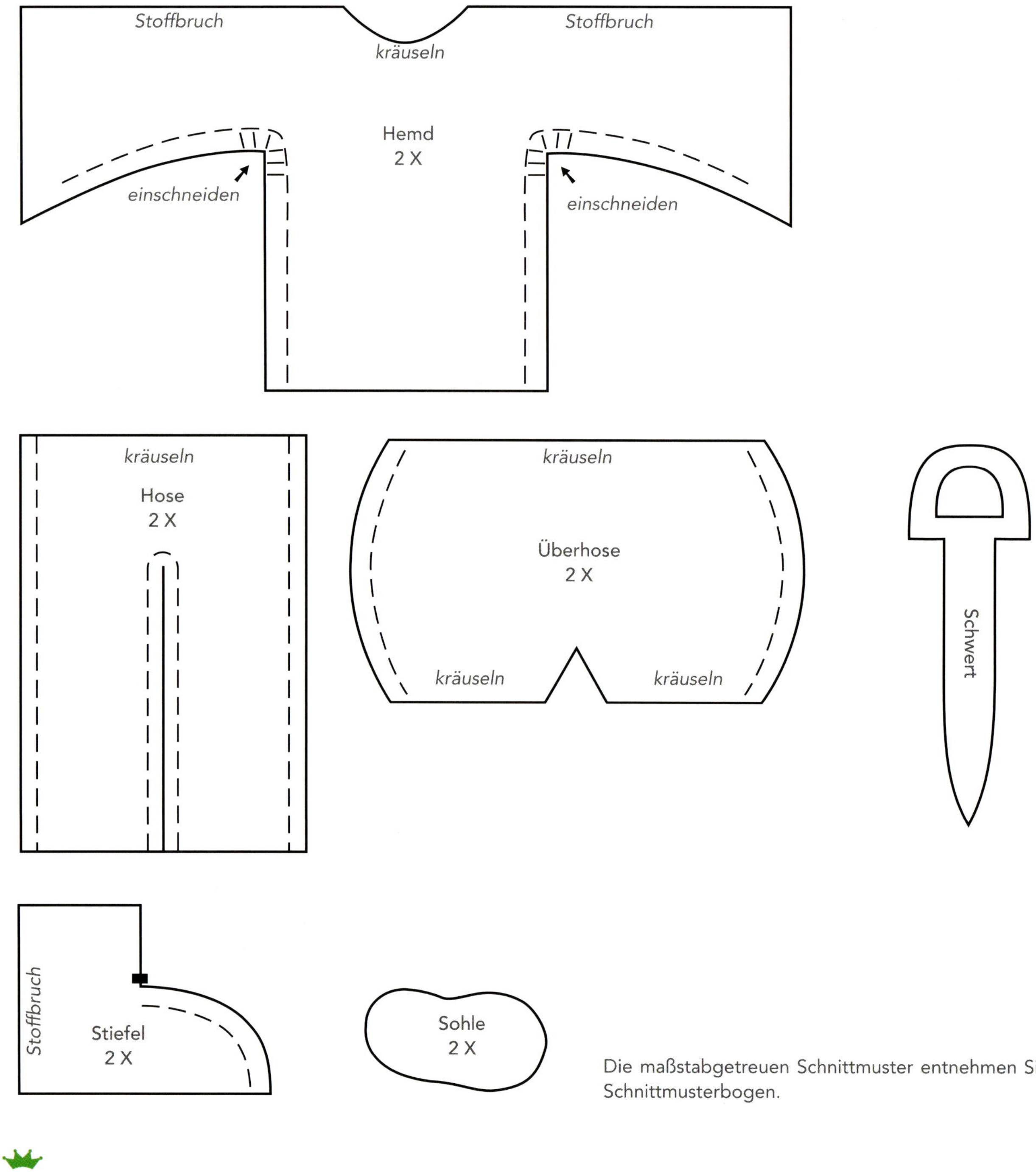


Die maßstabgetreuen Schnittmuster entnehmen Sie bitte dem Schnittmusterbogen.

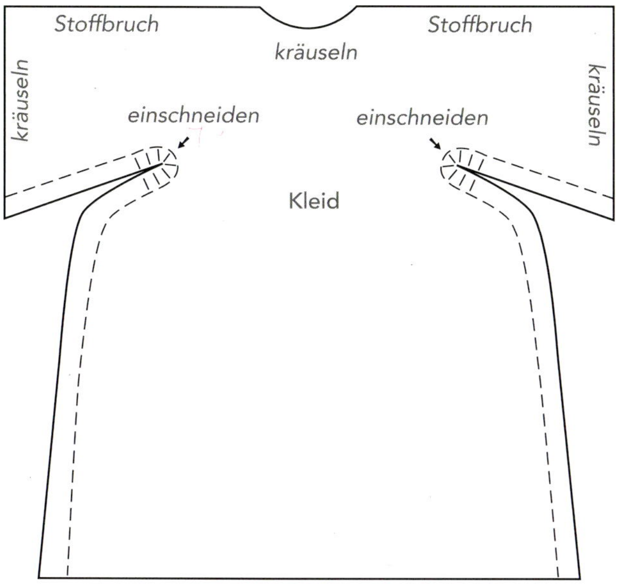


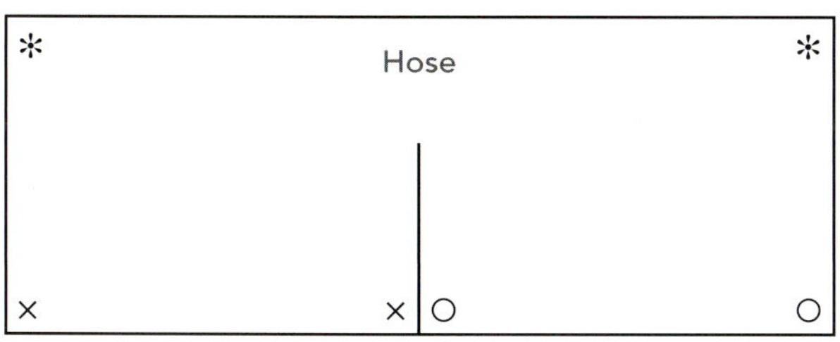


Die maßstabgetreuen Schnittmuster entnehmen Sie bitte dem Schnittmusterbogen.

# Figuren und Bilder zu den Märchen

## Herbst

# Daumesdick

## Märchenszene

Diese Märchenszene habe ich gewählt, weil es beim häuslichen Erzählen immer für viele Kinder so unvorstellbar putzig war, dass der Daumesdick so klein war, dass er in einem Schneckenhaus schlafen konnte.

Diese Szene ist auch so klein, dass sie auf einem Esstisch Platz findet und beispielsweise mit Blumen oder Herbstfrüchten sehr dekorativ aussieht.

Manchmal hat der kleine Wicht tagsüber auch sein Schneckenhaus verlassen und saß auf dem Baumstamm. Abends beim Vorlesen kroch er dann wieder in sein Schneckenhaus und schlief im Kerzen- oder Mondschein seinem großen Abenteuer entgegen.

## Material

### Für Daumesdick

*Grüner und brauner Filz, braune Märchenwolle für die Haare, Wollfaden für den Gürtel*

### Für das Schneckenhaus

*Märchenwollvlies in der gewünschten Farbe des Schneckenhauses (ca. 27 cm x 27 cm), Filznadel, Unterlage zum Nadeln*

## Anleitung

### Schneckenhaus

(Siehe Abb. 1 – 5 auf S. 66.)

1. Das Märchenwollvlies besteht aus vielen einzelnen dünnen Vlieslagen. Zupfen Sie diese vorsichtig der Länge nach auseinander. Je dünner und gleichmäßiger die einzelnen Lagen sind, desto besser lassen sie sich nachher verarbeiten (siehe Abb. 1).
2. Legen Sie 4 einzelne Lagen nun wieder wie folgt aufeinander: eine Lage verlaufen die Wollfasern quer, die nächste Lage quer, dann wieder eine längs und wieder eine quer. Drücken Sie die Lagen nun wieder leicht aufeinander, um das Aufrollen zu erleichtern (siehe Abb. 1).
3. Legen Sie das ganze Vlies vor sich auf den Tisch und rollen Sie es längs oder quer fest zu einer Rolle auf. Je fester die Rolle gewickelt ist, desto schneller verdichten sich die Wollfasern später beim Nadeln (siehe Abb. 2).
4. Nun wird diese lange Rolle vom kurzen Ende her wie ein Schneckenhaus aufgerollt. Wieder gilt: je fester, umso besser. Das Ende wird nicht ganz aufgerollt. Hier entsteht die Öffnung für den kleinen Daumesdick (siehe Abb. 3).
5. Legen Sie das aufgerollte Schneckenhaus auf eine Unterlage und verdichten Sie die Fasern, indem Sie immer wieder mit der Filznadel einstechen. Zum Schluss wird dann die typische Form des Schneckenhauses mit den einzelnen Windungen durch gezieltes Einstechen entlang der Kanten gegeben (siehe Abb. 4).
6. Die Öffnung für den Daumesdick entsteht durch immer wieder gezieltes Einstechen in das breiter auslaufende nicht ganz aufgerollte Ende. Sollte diese Öffnung zu wenig tief geraten, um den Daumesdick aufzunehmen können Sie die Öffnung tiefer machen, indem Sie Material vorsichtig herausschneiden und die Öffnung dann wieder festnadeln (siehe Abb. 5).

7. Das fertige Schneckenhaus kann man noch verschönern, indem auf die Oberfläche einzelne andersfarbige dünne Vlieslagen aufgenadelt werden. Oder Sie nadeln entlang der Schneckenhauslinie einen dünnen Strang Schafwolle ebenfalls in einer anderen Farbe.

1.

2.

3.

4.

5.

## Daumesdick

1. Fertigen Sie das Püppchen gemäß Grundform. Die genauen Maßangaben finden Sie im entsprechenden Kapitel.
2. Schneiden Sie aus grünem Filz den Anzug für den Daumesdick aus.
3. Nähen Sie ihn zuerst außen und dann an den Beininnenseiten zusammen.
4. Wenden Sie ihn und streichen Sie den Nähte gut aus.
5. Ziehen Sie dem Däumling den Anzug an und kräuseln Sie ihn oben am Halsausschnitt ein.
6. Schlagen Sie die Hose um den überstehenden Stoff als Umschlag um.
7. Um den Bauch wird dem Püppchen ein Wollfaden als Gürtel gebunden.
8. Nun schneiden Sie aus braunem Filz den Hut aus, nähen ihn zusammen und wenden ihn.
9. Die Haare des Daumesdick werden aus Märchenwolle aufgenadelt und fransig abgeschnitten.
10. Befestigen Sie zuletzt den Hut mit der Naht nach vorne mit ein paar Stichen am Kopf oder kleben Sie ihn mit UHU Bastelkleber auf.

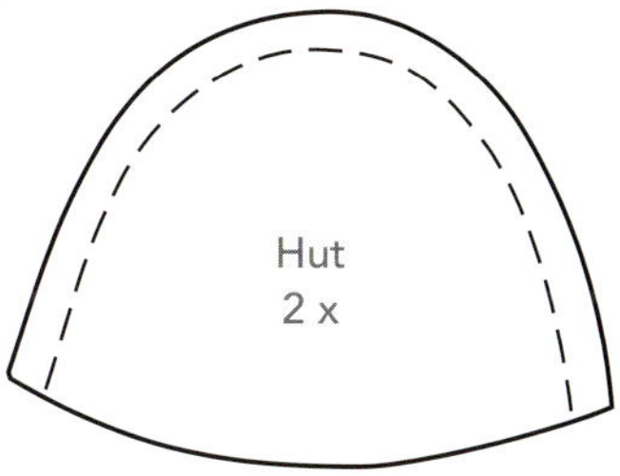


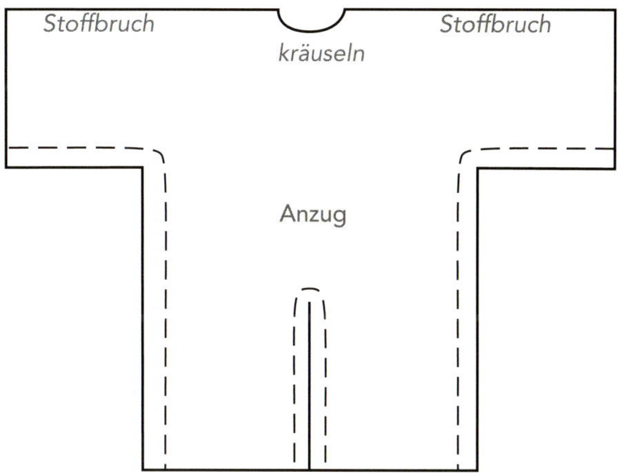


Die maßstabgetreuen Schnittmuster entnehmen Sie bitte dem Schnittmusterbogen.

# Rumpelstilzchen

## Märchenszene

Eine ganz andere Art, Märchenszenen zu gestalten, sind Transparente. Sie bilden vor allem in den frühen herbstlichen Dämmerstunden eine besonders gemütliche und stimmungsvolle Atmosphäre. Sie laden ein, die unterschiedlichen Farbstimmungen, ausgelöst durch die flackernde Kerze hinter dem Transparent, zu beobachten und zur inneren Ruhe zu kommen.

Ich stelle sie ganz bewusst auch hier in diesem Buch vor. Sie bieten einerseits Abwechslung zu den gefilzten Märchenfiguren. Andererseits kann man sie auch als Geburtstagsgeschenk verwenden, da sie in der Herstellung nicht so aufwändig sind.

In dem hier vorliegenden Fall habe ich das Rumpelstilzchen-Märchen gewählt, weil ich finde, dass die Stimmung dieser Märchenszene durch ein Transparent wunderbar ausgedrückt werden kann: das tanzende Rumpelstilzchen vor dem Feuer im Wald, nichts ahnend, dass es belauscht wird.

## Material

*Schwarzer Tonkarton für den Rahmen, schwarzes Tonpapier für die Figuren und das Haus, Transparentpapier in weiß, gelb, orange, rot, hellgrün, dunkelgrün und blau. Klebestift, goldene Klebesterne, spitze Schere*

## Anleitung

1. Zeichnen Sie den Rahmen auf den schwarzen Tonkarton auf und schneiden Sie ihn mit einer gut schneidenden spitzen Schere aus.
2. Schneiden Sie das Haus, das Rumpelstilzchen, den Boten und das Feuerholz aus schwarzem Tonpapier aus.
3. Knicken Sie die im Schnitt eingezeichneten zwei Seitenteile des Rahmens gut um. Eventuell ritzen Sie die Knickstellen mit einem Messer vor. Verwenden Sie hierbei ein Lineal.
4. Kleben Sie mit einem Klebestift auf das komplette Mittelteil und die zwei Seitenteile des Rahmens weißes Transparentpapier auf die Rückseite des Bildes. Alle weiteren Teile werden darauf aufgeklebt.
5. Hinterkleben Sie beim Haus die Dachausschnitte rot und Fenster und Türe gelb.
6. Nun schneiden Sie die Feuerteile aus und kleben sie als Feuer auf den großen gelben Kreis.
7. Arbeiten Sie am besten von nun an auf einem Lichtkasten oder kleben Sie das Transparentbild vorsichtig an ein Fenster.
8. Kleben Sie das Rumpelstilzchen auf und dahinter das Feuer mit dem Feuerholz.
9. An der unteren Kante des Transparentbilds wird nun die erste Lage des ausgeschnittenen Grases aufgeklebt. Danach die zweite Lage leicht versetzt darüber.
10. Nun werden an den beiden Seitenteilen das Haus und der Bote mit Klebestift befestigt.
11. Schneiden Sie nach Belieben die Wiese aus. Sie ist 3-lagig gearbeitet. Kleben Sie diese Streifen immer zuerst am unteren Bildrand fest und umfahren Sie dann den gelben Feuerrand ganz leicht mit Bleistift.

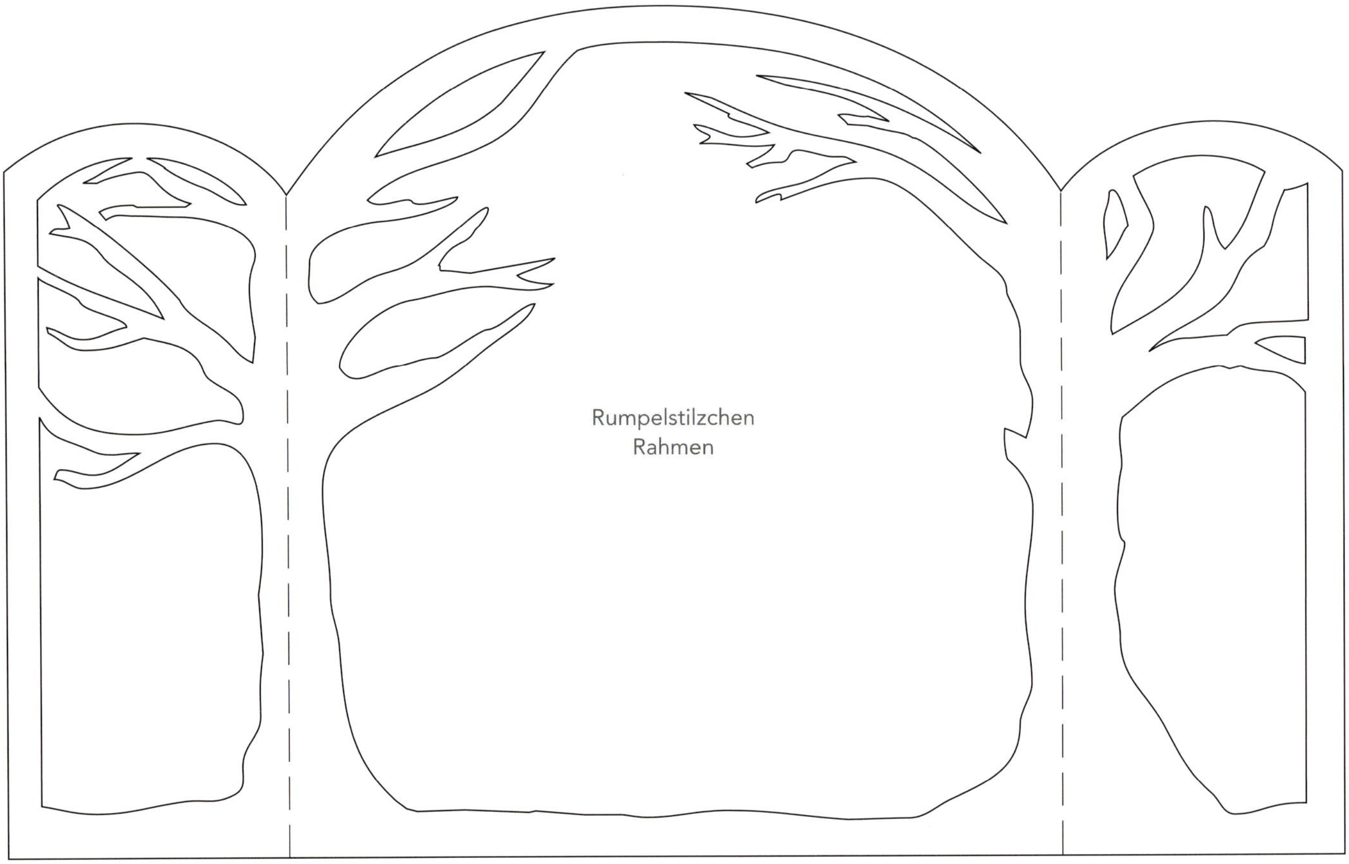


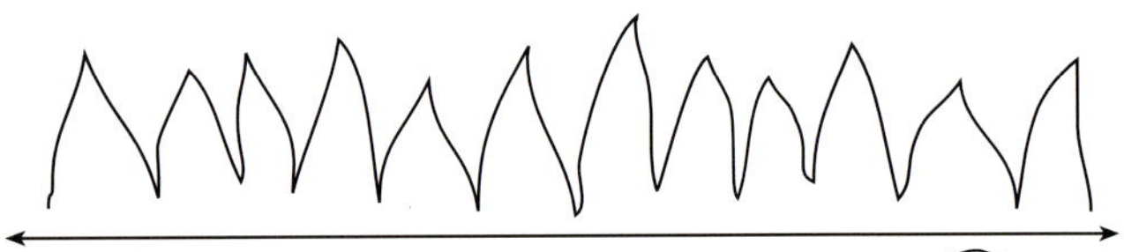

Gras
*hellgrünes Transparentpapier*

*für alle 3 Seiten je 2 x ausschneiden*

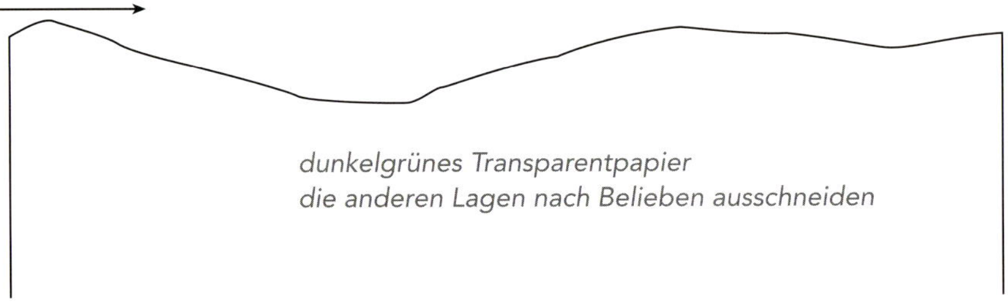

*dunkelgrünes Transparentpapier*
*die anderen Lagen nach Belieben ausschneiden*

Die maßstabgetreuen Schnittmuster entnehmen Sie bitte dem Schnittmusterbogen.

Die maßstabgetreuen Schnittmuster entnehmen Sie bitte dem Schnittmusterbogen.

Schneiden Sie diesen Ausschnitt dann aus. Auf diese Weise schimmert das Feuer gelb und bleibt strahlend. Kleben Sie dann die Wiese rundherum fest.

12. Verfahren Sie an dem Seitenteil mit dem Haus bei Haustüre und Fenster ebenso, damit deren Farbe erhalten bleibt und nicht von der Wiese überdeckt wird.
13. Zeichnen Sie auf den großzügig vorgeschnittenen Himmel im Mittelteil einen Mond auf und schneiden Sie ihn aus.
14. Auch der blaue Himmel wird zunächst nur am oberen Rand des Transparents festgeklebt. Die Konturen der Wiese und des Feuers werden umfahren. Dann wird das blaue Transparentpapier entsprechend zugeschnitten.
15. Kleben Sie den Himmel rundherum fest.
16. Auf den Himmel werden nun von hinten Goldsterne aufgeklebt.
17. Schneiden Sie die Tannenbäume aus und verteilen Sie sie beliebig am Wiesenrand. Je mehr sie sich überlappen, desto waldähnlicher sieht es zum Schluss aus.
18. Verfahren Sie an den Seitenteilen mit den Bäumen genauso.
19. Zuletzt wird das gesamte Transparent noch einmal mit einem Bogen weißem Transparentpapier komplett hinterklebt und dann die Ränder sauber abgeschnitten.

# Brüderchen und Schwesterchen

## Märchenszene

Auch im Märchen von «Brüderchen und Schwesterchen» ist die Jahreszeit nicht so genau zu bestimmen. Da jedoch Jagden früher und auch noch heute zumeist im Herbst abgehalten werden, fand dieses Märchen bei uns im Herbst seine Platz im Lauf der Jahreszeitengebräuche.

Für dieses Märchen habe ich noch einmal die Holzplatte von Hänsel und Gretel sowie das Schneewittchenhaus verwendet, um Ihnen zu zeigen, wie unterschiedlich die Kulissen einsetzbar sind.

In die Holzplatte kann man nach Belieben Löcher bohren, um die Bäume beziehungsweise den Wald auch mit echten Ästchen zu gestalten. Somit kann man der ganzen Märchenszene mit einfachen Mitteln ein anderes Aussehen verleihen.

Auch lassen sich hier die Szenen variieren, indem Sie anfänglich nur das Schwesterchen und das Reh dekorieren und den Königssohn erst am Ende dieser Märchenzeit dazukommen lassen.

Besonders schön sehen diese Szenen aus, wenn kleine Teelichter oder eine Salzkristalllampe hinter der Kulisse aufgestellt werden und die Bäume Schatten werfen.

## Material

*Lila Seide für das Kleidchen, etwas selbstgefilzter grauer Filz (oder Bastelfilz) für den Umhang, lila Filz für das Oberteil, weißer Filz für die Unterhose, Lockenpelz für die Haare, braune Schafwolle für die Schuhe, kleine Perlen*

*für den Saum des Kleidchens, Ostheimer Reh für das Brüderchen*

## Anleitung

### Schwesterchen
Fertigen Sie das Püppchen gemäß Grundform. Die genauen Maßangaben finden Sie im entsprechenden Kapitel.

### Haare
Das Schwesterchen hat Haare aus Lockenpelz. Verwenden Sie den Perückenschnitt von Schneeweißchen und Rosenrot.

### Kleid
Verwenden Sie den Kleiderschnitt des Dornröschens. Sollte dieser am Saum zu lang sein, kürzen Sie ihn ein Stück und säumen Sie ihn unten ein. Auf diesen Saum können Sie nach Belieben kleine rosa Perlen aufnähen.

Unter den Ärmeln wird das Kleid nicht durch ein Samtband zusammengezogen, sondern fällt lose nach unten. Auch die Samtborte am unteren Ende des Kleids entfällt. Dafür hat das Schwesterchen noch ein kleines lila Filzoberteil.

1. Schneiden Sie das Oberteil gemäß Schnitt aus.
2. Ziehen Sie es dem Püppchen über und schließen Sie die Rückennaht.
3. Unter den Armen wird das Oberteil mit 2 – 3 kleinen Stichen zusammengenäht.

### Unterhose
Verwenden Sie den Schnitt und die Anleitung für die Unterhose wie beim Dornröschen beschrieben.

## Schuhe

Schwesterchens Schuhe werden aus brauner Schafwolle direkt auf den Fuß gewickelt und dann leicht angefilzt.

## Umhang

Schneiden Sie aus dem grauen Filzstück nach dem Schnittmuster einen wärmenden Umhang für das Schwesterchen aus und legen Sie ihn der Figur um die Schultern. Eventuell können Sie ihn unter den Armen mit 2 – 3 Stichen schließen.

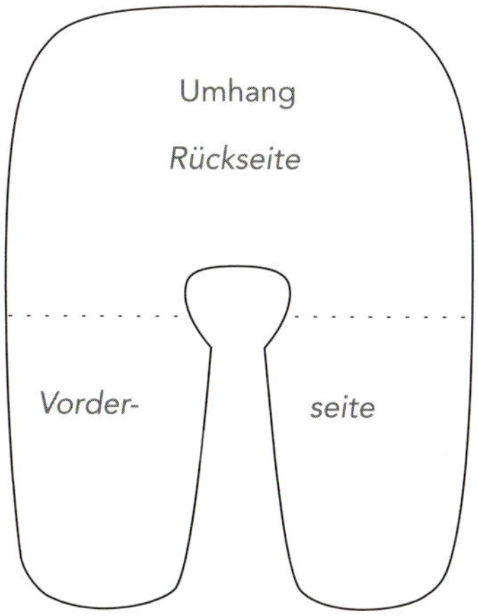

Die maßstabgetreuen Schnittmuster entnehmen Sie bitte dem Schnittmusterbogen.

# Figuren und Bilder zu den Märchen

## Winter

# Schneewittchen und die sieben Zwerge

## Märchenszene

Das Märchen «Schneewittchen» ist etwas aufwändiger zu gestalten. Es kann jedoch auch nach und nach entstehen.

Das Zwergenhaus entstand in Gemeinschaftsarbeit mit unseren Kindern. Zuerst haben wir Rindenstücke und Flechten gesammelt und dann gemeinsam gesägt, geschmirgelt und das Haus zusammengeklebt.

Als Untergrund für die Szene habe ich hier ein großes Backblech gewählt. So bleibt viel Platz für das Haus, die Bäume und die Umgebung. Darauf haben wir eine große gefilzte Platte gelegt, auf die wir Blumen etc. aufgenadelt haben.

Am Ende des Herbstes treten Zwerge in Schule und Kindergarten oder auch beim Laternenfest im Waldorfkindergarten, bei dem die Kinder Zwergenreiche für die Zwerge bauen, besonders häufig in das Bewusstsein der Kinder. Daher bietet sich das Märchen von Schneewittchen und ihren Zwergen natürlich besonders für diese Jahreszeit an. Die Zwerge sind in diesem Märchen immer damit beschäftigt, in ihrem Bergwerk unter der Erde Kristalle abzubauen.

In der gezeigten Szene kommen die Zwerge nach getanem Tagwerk wieder zu Schneewittchen und bringen Kristalle in ihrem Wagen mit.

Selbstverständlich können auch hier nacheinander Zwerg für Zwerg aus dem Wald auftauchen, so dass Sie die Zwerge nicht alle auf einmal herstellen müssen.

In dieser Szene stelle ich Ihnen eine ganz andere Art der Beleuchtung für eine Märchenszene vor: eine Lichterkette, die unter der Wiese auf dem Backblech befestigt wird. Die kleinen Pilzköpfchen sind echte Physallisblüten.

## Material

### Für das Schneewittchen

*Weißer Baumwollstoff für die Bluse und die Unterhose, weißer Spitzenstoff oder weiße Spitzenborte 23 cm x 8 cm für den Rock, roter Filz für das Jäckchen, schwarze Märchenwolle für die Haare, 2 Perlen als Augen*

### Für die Zwerge

*Bunte Märchenwolle, hautfarbenes Schafwollvlies, Pfeifenputzer, Lockenwolle für die Bärte und Haare*

### Für das Zwergenhaus

*Sperrholz in 4 mm Stärke, Rinde, Flechten oder Moos, Heißklebepistole*

### Für die Bäume

*Styroporkegel, Märchenwolle in verschiedenen Grüntönen*

### Für die beleuchteten Pilze

*Eine grüne Lichterkette mit 10 Lämpchen (z. B. aus dem Weihnachtsbedarf), weißes Kreppband, 5 große Physallisblüten*

## Anleitung

### Schneewittchen

Fertigen Sie das Püppchen gemäß Grundform. Die genauen Maßangaben finden Sie auf S. 32 / 33.

### Kleid

1. Schneiden Sie aus dem weißen Baumwollstoff die Bluse zu.
2. Schließen Sie die Seiten- und Armnähte und schneiden Sie den Stoff bis unter der Achsel 3 – 4 mal ein, damit sich der Stoff beim Wenden nicht zusammenzieht.
3. Wenden Sie die Bluse und streichen Sie die Nähte gut aus.
4. Nun ziehen Sie die Bluse Ihrem Püppchen an und schließen Sie die rückwärtige Naht.

5. Am Halsausschnitt ziehen sie, falls nötig, einen Kräuselfaden ein.
6. Schlagen Sie an den Ärmelenden den Saum um und ziehen Sie durch diesen einen Kräuselfaden, der fest angezogen wird.

### Rock

1. Der Rock wird aus einem Spitzenstoff oder einer Spitzenborte mit den Maßen 23 cm x 8 cm gefertigt. Schließen Sie hier die rückwärtige Naht.
2. Schlagen Sie den Rock am oberen Rand um und ziehen Sie dort einen Kräuselfaden ein.
3. Ziehen Sie den Rock Ihrem Püppchen an und ziehen Sie den Kräuselfaden auf die gewünschte Breite zusammen.
4. Nun nähen Sie den Rock mit dem Oberteil mit Matratzenstichen zusammen.

### Jäckchen

1. Schneiden Sie aus dem roten Filz das Jäckchen aus.
2. Ziehen Sie das Jäckchen Ihrem Püppchen an und schließen Sie die Vordernaht mit 2 Kreuzstichen.

### Zwerge

Die Zwerge können ganz individuell gestaltet werden, mal größer, mal kleiner, dicker oder dünner. Variieren Sie auch bei den Mützen und Mäntelchen.

### Kopf und Körper

1. Nehmen Sie einen ca. 15 cm langen Strang hautfarbenes Schafwollvlies.
2. Knoten Sie in der Mitte des Strangs einen Knoten für den Kopf.
3. Dann wird der Teil des Strangs, der sich oberhalb des Knotens befindet, über den Knoten gelegt und um den Knoten herum verteilt. Der Kopf sollte nun einen Umfang von etwa 5 cm aufweisen.
4. Direkt unter dem Knoten wird ein Abbindfaden fest um die herunterhängende Schafwolle gebunden. Die herunterhängende Schafwolle bildet später den Zwergenkörper.

5. Ziehen Sie die unter dem Kopf herunterhängende Schafwolle in der Mitte auseinander und legen Sie einen 9 cm langen Pfeifenputzer für die Arme dazwischen.
6. Binden Sie die Schafwolle unter den Armen noch einmal ab, damit der Pfeifenputzer Halt bekommt.
7. Schlagen Sie das darunter verbleibende Schafwollvlies in der Mitte um und nadeln Sie dieses Ende gut fest. Wenn Sie dieses Ende nicht genau in der Mitte umschlagen, können Sie die Größe Ihres Zwerges variieren.
8. Umwickeln Sie die Arme wie bei den anderen Püppchen beschrieben. Passen Sie die Länge der Armpfeifenputzer der Größe Ihres Zwerges an.
9. Nadeln Sie den Körper von allen Seiten zu einem Wollstrang.
10. Die Beine werden durch festes Annadeln markiert.
11. Schneiden Sie sie auf dieser Markierung auf und nadeln Sie sie etwas rund (siehe Abb. auf S. 82 oben).
12. Für die Zwergenkleider umwickeln Sie nun den Körper, die Arme und Beine fest in der gewünschten Farbe und Dicke.
13. Nadeln sie alles gut an. Nadeln sie auch die Beine gezielt von unten fest. Hier werden später die Füße, oder genauer die Schuhe, angenadelt.

### Schuhe

1. Die Schuhe sind aus einem kleinen zusammengeklappten Wollstrang gefertigt, der in Schuhform genadelt wird.
2. Nadeln Sie diesen auf der hinteren Seite fest zusammen und nadeln Sie die vordere Seite etwas lockerer. Dadurch entsteht die Schuhform, die hinten am Absatz flach, vorne etwas höher ist.

3. Befestigen Sie den Schuh durch Annadeln an den Beinen.

Nun können Sie entscheiden, wie Sie weiter verfahren wollen:

Der rote Zwerg wurde ausschließlich genadelt. Als Extra bekam er noch Hosenträger aufgenadelt. Seine Mütze besteht aus einem selbstgefilzten Filz (siehe Anleitung im Kapitel «Grundformen» im Abschnitt «Plattenfilzen»). Dieser Zwerg wurde auch in «Schneeweißchen und Rosenrot» verwendet.

Die anderen Zwerge bekommen Mäntelchen oder Umhänge aus Bastelfilz.

## Gesicht, Bart und Haare

1. Das Gesicht wird wie bei den anderen Püppchen gestaltet. Oft kann auf den Mund verzichtet werden, da der Bart an dieser Stelle aufgenadelt wird.
2. Nadeln Sie aus Lockenwolle Bart und Haare auf.

## Zwergenhaus

1. Das Zwergenhaus besteht aus einer Grundkonstruktion aus Sperrholz.
2. Hierzu sägen Sie für das Dach 2 Rechtecke mit den Maßen 15,5 cm x 18,5 cm.
3. Für die Vorder- und Rückfront sägen Sie je ein Dreieck mit 20 cm Grundfläche und 18,5 cm Seitenlänge zurecht.
4. In der Vorderfront wird noch eine Türe herausgesägt.
5. Nun kleben Sie die einzelnen Teile mit einer Heißklebepistole zusammen. Ich habe Vorder- und Rückfront dabei ein wenig nach innen versetzt, so dass das Dach über die senkrechten Wände hinausragt.
6. Das Dach wird ebenfalls mit Hilfe der Klebepistole mit

Rindenstücken beklebt. Kleine Löcher zwischen den einzelnen Rindenstücken werden mit aufgeklebten Flechten oder Moos ausgefüllt.

## Bäume

Styroporkegel gibt es in unterschiedlichen Größen zu kaufen. So lassen sich sehr einfach Bäume verschiedener Höhe herstellen.

1. Umnadeln Sie den gesamten Kegel in einer Grundfarbe.
2. Nadeln Sie darauf verschieden lange und breite Märchenwollstränge als Äste fest. Am besten beginnen sie dabei am unteren Rand und arbeiten sich langsam nach oben der Baumspitze entgegen.

## Beleuchtete Pilze

1. Nehmen Sie jeweils 2 Lämpchen der Lichterkette zusammen und umwickeln Sie sie unterhalb der Birnchen fest mit weißem Kreppband. Sie bilden die Stängel der Pilze.
2. Schneiden Sie die grüne Filzplatte an den Stellen, an denen die beleuchteten Pilze später stehen sollen, kreuzförmig ein und schieben Sie die zusammengeklebten Lämpchen durch den Filz.
3. Verkleben Sie die Kabel der Lichterkette auf dem Backblech mit weißem Kreppband, so dass die Filzwiese nicht ganz so wellig wird.
4. Biegen Sie die Lämpchen gerade.
5. Schneiden Sie die Physallisblüten auf ihrer Unterseite so auf, dass Sie die Blüten über die Lämpchen schieben können. Die Lämpchen werden nicht so heiß, dass sich die Blüten selbst in getrocknetem Zustand entzünden können.

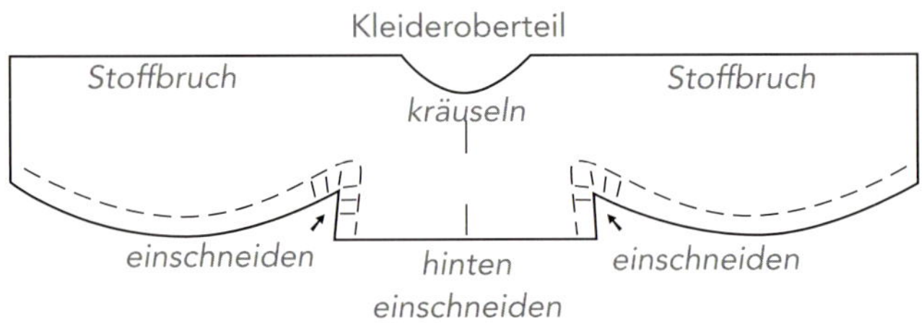


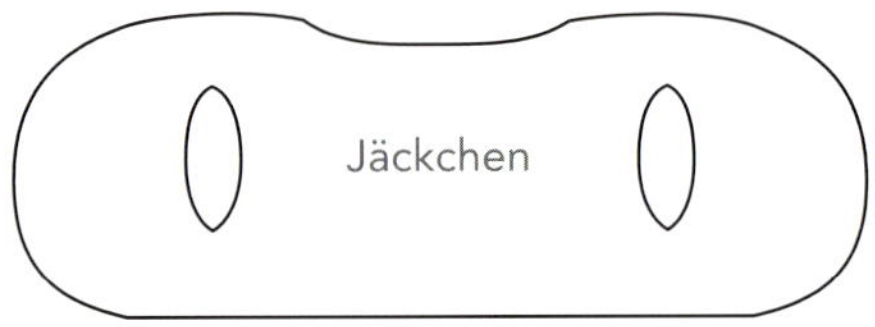


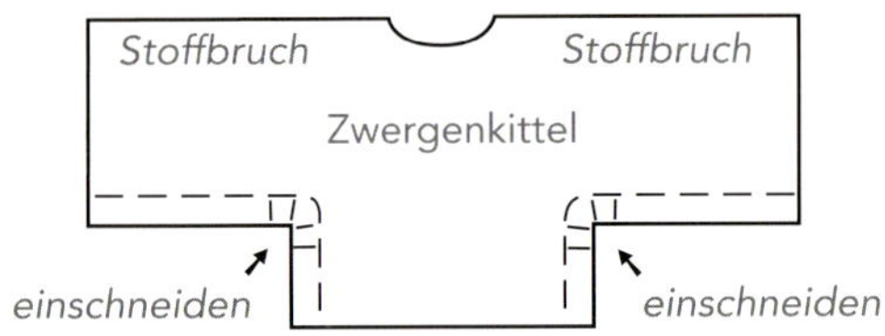


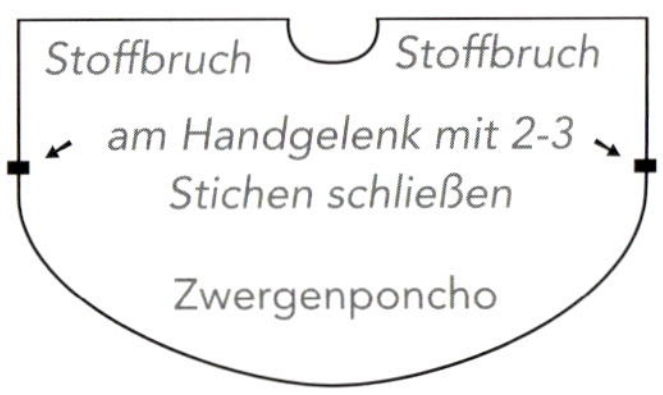

## Zwergen-Accessoirs

Die Zwergen-Accessoirs wie Hacke, Schaufel, Eimer usw. können sie in jedem gut sortierten Bastelgeschäft erhalten.

Die maßstabgetreuen Schnittmuster entnehmen Sie bitte dem Schnittmusterbogen.

# Hänsel und Gretel

## Märchenszene

Diese Märchenszene ist in der Herstellung etwas aufwändiger.

Als Untergrund haben wir eine Holzplatte zusammen mit unseren Kindern gesägt und geschmirgelt, dann die Löcher für den Zaun gebohrt sowie den Zaun hergestellt. Danach haben wir gemeinsam Moos für den Untergrund gesammelt und kleine Steinchen für den Weg.

Die Tannenbäume in dieser Szene sind verwendet, um Ihnen auch eine «schnellere» Baumart anzubieten. Selbstverständlich können Sie aber auch eine der in anderen Märchenszenen vorgestellten Baumarten verwenden.

Diese nun fertige Landschaft bietet jetzt schon Platz für den ersten Märchenabend mit Hänsel und Gretel, die alleine durch Wald und Wiesen «laufen», nur durch Kerzen beleuchtet.

Selbstverständlich wurde dann aber mit viel Spannung die Hexe erwartet. Doch zuvor mussten wir noch das Hexenhaus backen und verzieren. Dies geschah bei uns meist in der Voradventszeit. Das Hexenhaus durfte dann am Ende dieser Märchenzeit am 6. Dezember bei einem gemeinsamen Fest mit Freunden geknuspert werden. So wie Hänsel und Gretel am Ende des Märchens viele Schätze mit nach Hause nahmen, fand jedes Kind im Inneren des Hauses einen kleinen Edelstein und durfte ihn dann natürlich für sich behalten.

## Material

### Für den Hänsel

*Blauer Bastelfilz für die Jacke, blauer Filz für die Hose, brauner Bastelfilz für die Sandalen, festerer Karton für die Sandalen, heller Baumwollstoff für das Hemd, 3 Indianerperlen für die Jackenknöpfe, dunkelbrauner Webpelz für die Haare. Kleiner Schwamm für den Lebkuchen*

### Für die Gretel

*Orangefarbener Bastelfilz für das Kleidchen, grauer selbstgefilzter Filz für die Jacke, brauner Bastelfilz für die Schuhe, 1 cm breites Gummiband für die Unterhose, blonder langhaariger Webpelz für die Haare*

### Für die Hexe

*Dunkelbrauner Bastelfilz für den Rock, einzelne kleine Stoffreste für die Flicken, leichter Baumwollstoff für die Bluse und das Kopftuch, schwarze Wolle für das Dreieckstuch, graue Märchenwolle für die Haare und Augenbrauen, 2 cm breites Gummiband für die Unterhose*

## Anleitung

### Hänsel

Fertigen Sie das Püppchen gemäß Grundform. Die genauen Maßangaben finden Sie im entsprechenden Kapitel.

### Hemd

1. Schneiden Sie aus dem hellen Baumwollstoff das Hemd aus.
2. Schließen Sie Seiten- und Armnähte.
3. Nun schneiden Sie den überstehenden Stoff an den Achseln bis kurz an die Naht ein paar Mal leicht ein. Dies verhindert, dass sich der Stoff zusammenzieht, wenn das Hemd gewendet wird.
4. Wenden Sie das Hemd und bügeln Sie es aus.
5. Ziehen Sie das Hemd Ihrem Püppchen an.
6. Nun schließen Sie die rückwärtige Naht, indem Sie eine Kante umbiegen und über die andere Stoffseite legen. Stecken Sie das Ganze fest und nähen Sie die Naht mit Matratzenstichen zu.
7. Die Ärmel werden auf die gewünschte Länge nach innen umgeschlagen. Dann wird ein Kräuselfaden eingezogen und nach Belieben zusammengezogen. Der Faden wird gut vernäht und abgeschnitten.

## Hose

1. Die Hose wird aus blauem Filz ausgeschnitten.
2. Klappen Sie die Hose wie im Schnittmuster angezeichnet zusammen und schließen Sie die Nähte, indem Sie bei den Beinen beginnen. Zum Schluss wird die rückwärtige Naht geschlossen.
3. Wenden Sie die Hose und bügeln Sie sie gut aus.
4. Jetzt ziehen Sie die Hose Ihrem Püppchen an und legen den überschüssigen Stoff vorne als Hosenschlitz übereinander. Nähen Sie ihn mit kleinen Matratzenstichen zusammen.
5. Zuletzt nähen Sie auf die Hose Flicken auf: drei größere Stiche mit kleinem Abstand nebeneinander, zwei Stiche darüber. Schlagen Sie die Hose am Saum nach Belieben nach oben um.

## Sandalen

1. Schneiden Sie aus braunem Filz die Sandalensohle 4-mal aus.
2. Schneiden Sie aus festerem Karton die Sandalensohle 2-mal aus.
3. Kleben Sie mit UHU Bastelkleber die Filzsohle von oben und unten auf die Kartonsohle und lassen Sie sie gut antrocknen.
4. Schneiden Sie die Riemchen für die Sandalen entsprechend der Puppenfußgröße zu. Die Breite beträgt ca. 0,3 cm.
5. Die Riemchen werden mit kleinen Stichen rechts und links an der Sohle festgenäht. Vorsicht: es sollte ein rechter und ein linker Schuh entstehen.
6. Kleben Sie die Sandalen an die Puppenfüße.

## Jäckchen

1. Schneiden Sie das Jäckchen aus blauem Bastelfilz zu.

2. Nun umnähen Sie das Jäckchen ringsherum mit Knopflochstichen. Verfahren Sie genauso mit den Armausschnitten.
3. Nähen Sie noch die 3 Indianerperlen als Knöpfe auf.

## Haare

1. Schneiden Sie aus dem Webpelz die Haare aus.
2. Verfahren Sie weiter wie im Kapitel «Grundformen» im Abschnitt «Haare aus Webpelz» beschrieben.

## Lebkuchen

1. Hänsel und Gretel haben vom Naschen am Hexenhaus einen Lebkuchen in der Hand.
2. Legen Sie zum Herstellen des Lebkuchens einen kleinen Büschel brauner Schafwolle auf einen Schwamm, klappen Sie beides zusammen und stechen Sie solange mit der Filznadel ein, bis der Lebkuchen die gewünschte Form erhalten hat (Viereck oder Herz). Eventuell können Sie dazu auf dem Schwamm die Konturen des Lebkuchens vorzeichnen, so dass Sie eine Vorlage beim Nadeln haben.
3. Zum Schluss werden aus weißer Schafwolle noch die Mandeln auf den Lebkuchen aufgenadelt.

## Gretel

Fertigen Sie das Püppchen gemäß Grundform. Die genauen Maßangaben finden Sie im entsprechenden Kapitel.

## Kleidchen

1. Schneiden Sie aus dem orangenen Bastelfilz das Oberteil des Kleidchens ohne Nahtzugabe zu. Kontrollieren Sie dabei die Länge anhand der tatsächlichen Größe ihres Püppchens.
2. Schließen Sie mit Steppstichen die Seiten- und Armnähte.
3. Wenden Sie das Oberteil und ziehen Sie es Ihrem Püppchen an.
4. Die rückwärtige Naht wird mit ein paar kleinen Stichen geschlossen.
5. Nun schneiden Sie aus dem orangenen Filz ein Rechteck von 14 cm x 6,5 cm aus. Dies ergibt das Unterteil des Kleidchens.
6. Schließen Sie die rückwärtige Naht und wenden Sie das Unterteil.
7. Am oberen Ende des Unterteils wird ein Kräuselfaden eingezogen.
8. Nun ziehen Sie das Unterteil Ihrem Püppchen an.
9. Nähen Sie das Unterteil mit Matratzenstichen an das Oberteil an.
10. Ziehen Sie den Kräuselfaden auf die gewünschte Länge zusammen und vernähen Sie ihn gut.

11. Zuletzt nähen Sie auf das Kleidchen Flicken auf.

### Jacke

1. Schneiden Sie aus einem selbst gefilzten Filz die Jacke aus.
2. Legen Sie die Jacke dem Püppchen über die Schultern und schließen Sie sie mit 2 – 3 Stichen unter den Achseln.

### Schuhe

4. Schneiden Sie aus dem braunen Bastelfilz 2-mal die Schuhe aus.
5. Schließen Sie die vordere eingezeichnete Naht mit Steppstichen und wenden Sie den Schuh. Probieren Sie ihn am Fuß an. Notfalls dehnen Sie ihn noch ein wenig mit einem stumpfen Bleistift aus.
6. Schließen Sie die rückwärtige Naht mit Knopflochstichen.

### Unterhose

1. Schneiden Sie aus dem Gummiband ein Stück von 6 cm Länge ab.
2. Nähen Sie das Gummiband an den Enden mit ein paar Steppstichen zusammen.
3. Legen Sie das Gummiband so vor sich hin, dass diese Naht die rückwärtige Mitte bildet.
4. Nähen Sie mit 2 Stichen das Gummiband unten in der Mitte zusammen.
5. Ziehen Sie die Unterhose Ihrem Püppchen an.

### Haare

1. Schneiden Sie aus blondem Webpelz die Haare aus.
2. Verfahren Sie weiter, wie im Kapitel «Grundformen» im Abschnitt «Haare aus Webpelz» beschrieben.

### Hexe

1. Fertigen Sie das Püppchen gemäß Grundform. Die genauen Maßangaben finden Sie im entsprechenden Kapitel.
2. Die Hexe hat einen Buckel. Nadeln Sie hierzu eine Schafwollflocke am Rücken zwischen den Schultern auf.
3. Auch die Nase wird durch Aufnadeln von Schafwolle

etwas größer gestaltet. Zusätzlich erhält die Nase eine Warze. Diese kann man mit einem leicht angefeuchteten schwarzen Buntstift aufmalen oder durch Aufnadeln von 2 – 3 Fäden schwarzer Schafwolle anbringen.

4. Das Kinn wird durch Aufnadeln etwas spitzer gestaltet (siehe Kapitel «Grundformen»).
5. Die Augenbrauen nadeln Sie aus grauer Schafwolle auf.

### Bluse

1. Schneiden Sie die Bluse aus dem dünnen Baumwollstoff ohne Nahtzugabe aus.
2. Schließen Sie die Seiten- und Armnähte.
3. Schneiden Sie den überstehenden Stoff unter den Achseln 4 bis 5-mal bis fast zur Naht ein, damit sich der Stoff beim Wenden nicht zusammenzieht.
4. Wenden Sie die Bluse und bügeln Sie sie gut aus.
5. Ziehen Sie die Bluse Ihrem Püppchen an.
6. Nun schließen Sie die rückwärtige Naht, indem Sie eine Kante umbiegen und über die andere Stoffseite legen. Stecken Sie das Ganze fest und nähen Sie die Naht mit Matratzenstichen zu.
7. Die Ärmelkanten werden etwas ausgefranst.
8. Wenn nötig wird der Halsausschnitt nach innen geschlagen und mit Kräuselstichen festgenäht.

### Unterhose

1. Schneiden Sie aus dem Gummiband ein Stück von 8 cm Länge ab.
2. Verfahren Sie nun wie bei der Gretel beschrieben.

### Röcke

Die Hexe trägt zwei Röcke übereinander. Messen Sie die genaue Länge an Ihrem Püppchen nach.

1. Schneiden Sie aus braunem Bastelfilz 2 Rechtecke zu. Das eine Rechteck ist 19 cm lang und 9,5 cm hoch, das Andere ist ebenfalls 19 cm lang und 7,5 cm hoch. Das höhere Rechteck erhält wegen der Standfestigkeit einen Rocksaum von 1 cm.
2. Nun schließen Sie jeweils die rückwärtigen Rocknähte mit Steppstichen.
3. Auf den kürzeren (oberen) Rock werden mit UHU Bastelkleber wahllos verteilt ein paar Stoffflicken aufgeklebt.
4. Schieben Sie die beiden Röcke ineinander. Hierbei ist der kürzere Rock mit den Flicken oben.
5. Ziehen Sie nun bei beiden Röcken am oberen Rand einen Kräuselfaden ein.
6. Dann ziehen Sie die Röcke Ihrem Püppchen an, ziehen die Kräuselfäden auf die gewünschte Länge und vernähen Sie die Fäden gut.

### Haare und Kopftuch

1. Nadeln Sie graue Schafwolle als Haare rings um den Kopf an.
2. Schneiden Sie aus Baumwollstoff das Kopftuch aus. Je nach Kopfgröße notfalls etwas verkleinern. Es wird nirgends eingesäumt.

### Dreieckstuch

1. Das Dreieckstuch wird aus schwarzer Wolle gehäkelt. Da jede Wolle von unterschiedlicher Dichte ist, richten Sie sich beim Häkeln des Tuchs an das Schnittmuster.
2. Nun knüpfen Sie die Fransen an die beiden kurzen Seiten des Tuchs.
3. Zuletzt nähen Sie der Hexe das übergezogene Dreieckstuch vorne mit 2 – 3 Stichen zusammen.

4. In Ihre Hand bekommt die Hexe einen Ast als Krückstock.

## Backofen
*brauner Tonkarton*

1. Schneiden Sie aus dem braunen Tonkarton die vier Teile des Backofens aus.
2. Schneiden Sie die Vorder- und Rückwand am oberen Rand wie im Schnitt angegeben ein, damit der Rand sich an der Rundung gut umknicken lässt.
3. Knicken Sie nun den Rand dieser Teile um.
4. Schneiden Sie die Klappe des Backofens aus. Die gerade Kante wird nur umgeknickt.
5. Kleben Sie Vorder- und Rückwand an das Mittelteil.

## Schippe
*brauner Tonkarton, Schaschlikspieß*

1. Schneiden Sie die zwei Schippenteile aus dem braunen Tonkarton aus.
2. Kürzen Sie den Schaschlikspieß auf die von Ihnen gewünschte Länge.
3. Kleben Sie den Schaschlikspieß in die Mitte eines Schippenteils und kleben Sie das andere Teil dagegen.

## Lebkuchenhaus
*500 g Honig*
*500 g Mehl*
*125 g Butter*
*5 Eier*
*1 ½ Esslöffel Kakao, 1 ½ Esslöffel Zimt*
*1 Messerspitze Nelkenpulver, 1 Beutel Backpulver*

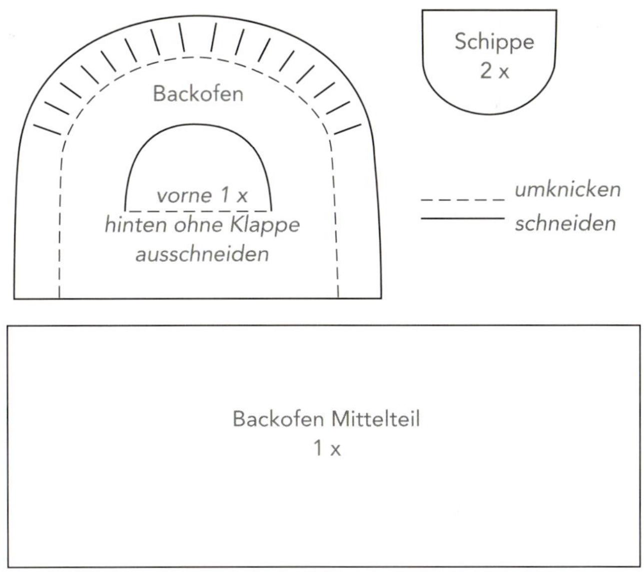


Die maßstabgetreuen Schnittmuster entnehmen Sie bitte dem Schnittmusterbogen.

Der Honig wird zusammen mit der Butter so lange erwärmt, bis die Butter zerlaufen ist. Achten Sie dabei darauf, dass es nicht zu kochen anfängt.

Nun werden alle weiteren Zutaten zugegeben.

Die fertige Masse wird auf 2 Backbleche verteilt und im Backofen bei 220 Grad 15 Minuten lang gebacken.

Die fertig gebackenen Lebkuchenplatten werden im warmen Zustand zurechtgeschnitten.

Hierzu schneiden Sie für das Dach 2 Rechtecke mit den Maßen 21 cm x 20,5 cm aus. Für die Vorder- und Rückfront schneiden Sie je ein Dreieck mit 18,5 cm Grundfläche und 23,5 cm Seitenlänge zurecht.

Zum Zusammenkleben des Lebkuchenhauses verwenden Sie eine Masse, die Sie aus 2 schaumig gerührten Eiweiß und 400 g Puderzucker herstellen.

Diese Masse kann auch dazu verwendet werden, um Süßigkeiten aufzukleben oder um Verzierungen anzubringen.

## Untergrund

Als Untergrund habe ich eine Holzplatte aus dem Baumarkt verwendet. Sie hat die Maße 40 cm x 30 cm.

Diese Platte wird an den Ecken abgerundet. Auch die Kanten sind etwas abgerundet.

Für den Zaun werden am vorderen Rand der Platte im Abstand von 2 cm kleine Löcher gebohrt. In diese Löcher werden Ästchen, die das Grundgerüst für den Zaun bilden, hineingesteckt.

Längere, weiche Ästchen werden eingeweicht, um ihnen mehr Elastizität zu verleihen. Dann werden diese Ästchen um die Äste des Grundgerüsts geflochten.

Kleine Kieselsteinchen bilden den Weg, der restliche Untergrund wird mit Moos ausgelegt.

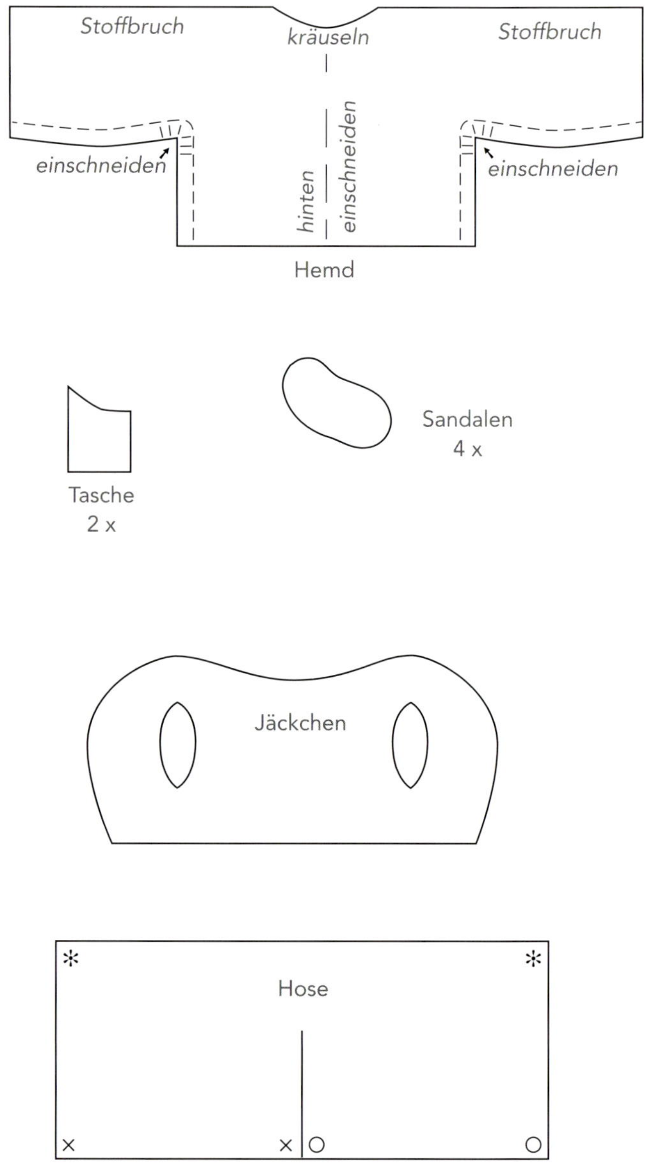


Die maßstabgetreuen Schnittmuster entnehmen Sie bitte dem Schnittmusterbogen.

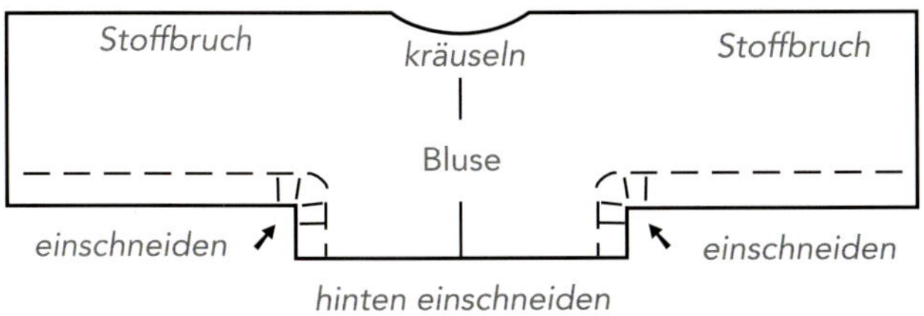


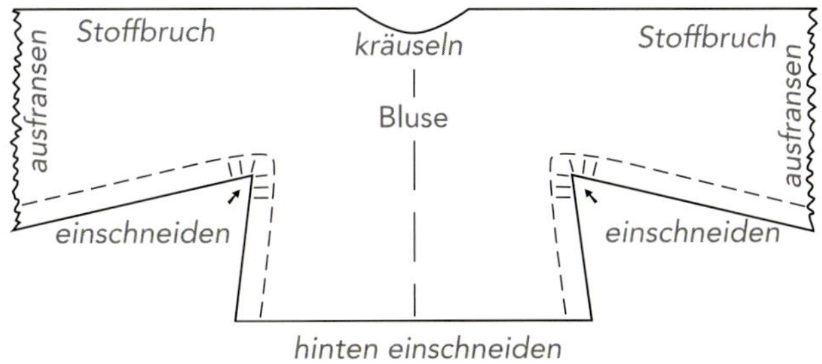


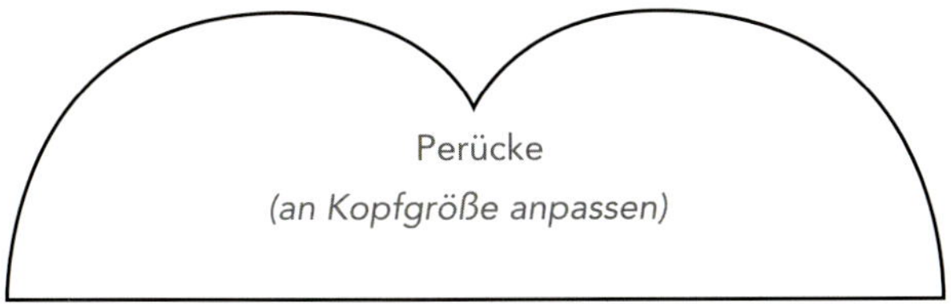


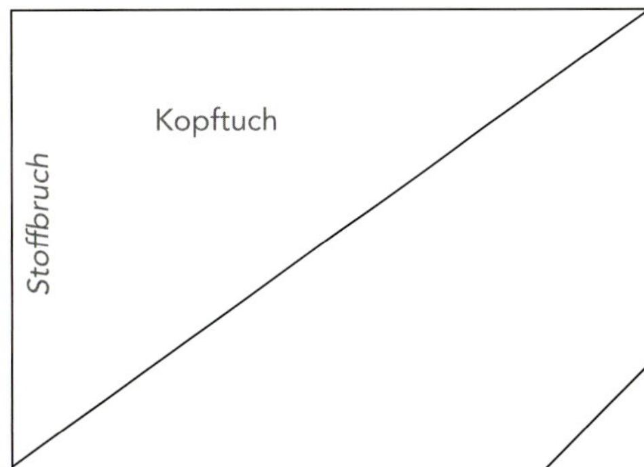


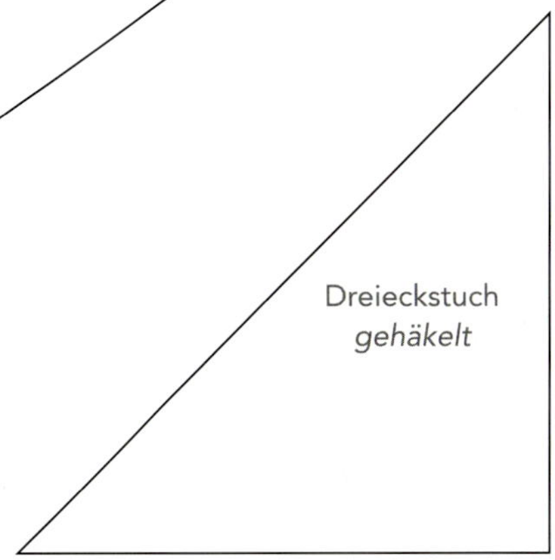


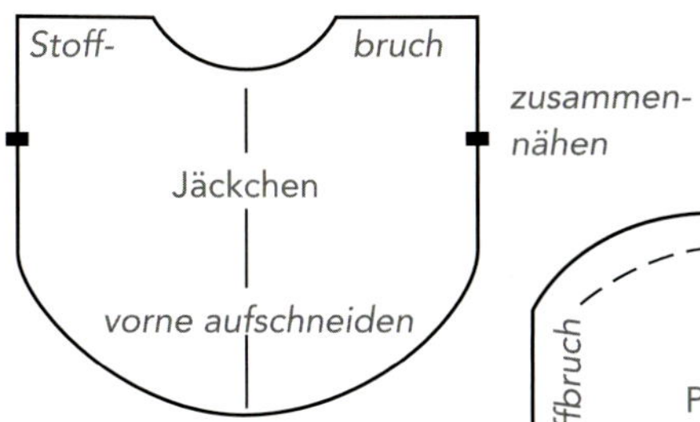


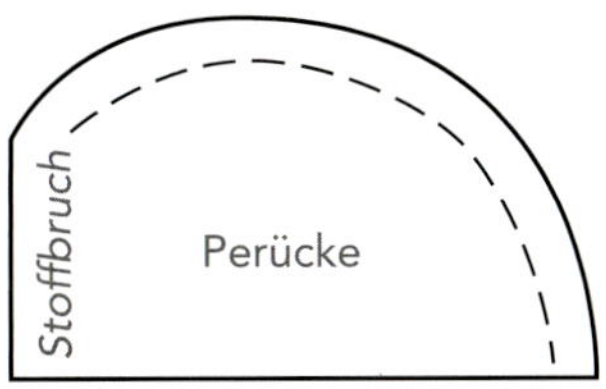


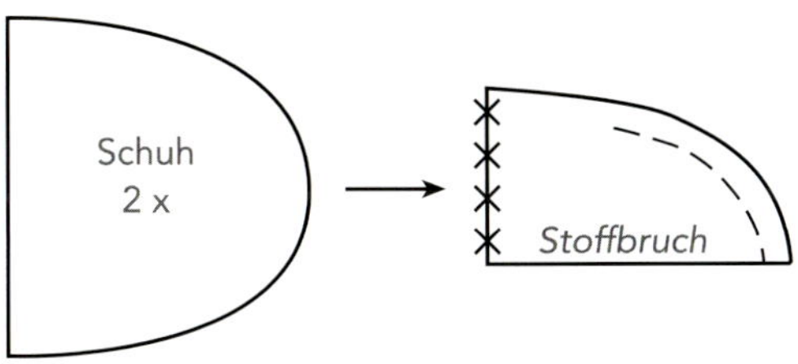


Die maßstabgetreuen Schnittmuster entnehmen Sie bitte dem Schnittmusterbogen.

# Frau Holle

## Märchenszene

Mit Frau Holle möchte ich Ihnen eine andere Art, Märchen darzustellen, vorstellen. Da Frau Holle eher ein Luftwesen ist, bietet es sich an, sie hängend zu gestalten. Daher habe ich für sie den Kranz aus Birkenzweigen gewählt. Auf diese Art und Weise lassen sich auch die fliegenden Federn und der fallende Schnee eindrucksvoll gestalten. Als mögliche Variante können Sie sie auch an einen Ast hängen und die Schneeflocken- und Federketten außen herum befestigen.

Für viele Kinder ist es irritierend, wenn Sie Frau Holle den Aufhängefaden am Hals befestigen. Achten Sie daher darauf, den Faden an der Mütze oder hinten am Kleid zu befestigen.

## Material

### Für Frau Holle

*Hellblauer Bastelfilz, dunkelblauer Bastelfilz, weißer Baumwollstoff für die Bluse und das Kissen, Spitzenstoff für den Unterrock, Spitzenborte 4 cm breit für die Haube, Spitzenborte 1 cm breit für den Kragen, 2 kleine Perlen für die Augen, weiße Schafwolle für die Haare*

### Für den Birkenkranz

*Birkenzweige, Draht, weiße Schafwolle, Faden, weiße Federn, Band zum Aufhängen*

## Anleitung

### Frau Holle

1. Fertigen Sie das Püppchen gemäß Grundform. Die genauen Maßangaben finden Sie auf S. 32 / 33.
2. Die Haare werden aus weißer Schafwolle aufgenadelt.

### Bluse

1. Schneiden Sie aus dem weißen Baumwollstoff die Bluse aus.
2. Schließen Sie die Seiten- und Armnähte und schneiden Sie den Stoff unter den Achseln 3- bis 4- mal ein, so dass sich der Stoff beim Wenden nicht zusammenzieht.
3. Wenden Sie die Bluse und bügeln Sie gegebenenfalls die Nähte gut aus.
4. Nun ziehen Sie die Bluse Ihrem Püppchen an und schließen die vordere Naht mit Matratzenstichen.
5. Am Halsausschnitt wird ein Kräuselfaden eingezogen. Ziehen Sie ihn auf die gewünschte Weite zusammen.
6. Verfahren Sie mit den Ärmeln genauso.
7. Für den Kragen schneiden Sie ein Stück der 1 cm breiten Spitzenborte ab, kräuseln es leicht ein und legen es dem Püppchen um den Hals. Schließen Sie den Kragen vorne mit 2 – 3 Stichen.
8. Zuletzt nähen Sie noch an die Bluse vorne 2 – 3 Perlen als Knöpfe auf.

### Unterrock

1. Schneiden Sie aus dem Spitzenstoff ein Rechteck von 20 x 7,5 cm aus.
2. Schließen Sie die rückwärtige Naht.
3. Am oberen Rand auf einem kleinen umgelegten Saum wird ein Kräuselfaden eingezogen.

4. Nun ziehen Sie den Unterrock Ihrem Püppchen an. Er beginnt unter den Armen. Ziehen Sie dann den Kräuselfaden oben auf die gewünschte Breite zusammen.

### Rock

1. Schneiden Sie aus hellblauem Bastelfilz ein Rechteck von 17 x 7 cm aus.
2. Verfahren Sie bei dem Rock wie beim Unterrock.

## Schürze

1. Die Schürze wird aus dunkelblauem Bastelfilz ausgeschnitten.
2. Falten Sie die Schürzenbändel längsseitig zur Hälfte und ziehen Sie die Schürze dem Püppchen an.

## Haube

1. Schneiden Sie aus der 4 cm breiten Spitzenborte ein 12 cm langes Stück für die Haube zu.
2. Legen Sie die Spitzenborte in der Mitte aufeinander, so dass ein Rechteck von 4 x 6cm entsteht, und ziehen Sie auf der längeren Seite einen Kräuselfaden ein. Ziehen Sie diesen bis auf ca. 2 cm zusammen und vernähen Sie ihn. Dies bildet die Hinterseite der Haube.
3. Ziehen Sie einen weiteren Kräuselfaden im Abstand von ca. 1 cm von der Vorderseite der Haube ein.
4. Nun ziehen Sie Ihrem Püppchen die Haube auf und ziehen den vorderen Kräuselfaden auf die gewünschte Breite zusammen. Nähen Sie die Haube rechts und links am Kopf fest.

## Kissen

1. Schneiden Sie für das Kissen aus weißem Baumwollstoff ein Rechteck von 8 cm x 5 cm zu. Legen Sie es links auf links zur Hälfte zusammen und schließen Sie zwei Seiten ganz und eine weitere zur Hälfte.
2. Wenden Sie das Kissen durch die noch verbliebene Öffnung und stopfen Sie es ein wenig aus.
3. Nähen Sie der Frau Holle das Kissen rechts und links an den Händen fest.

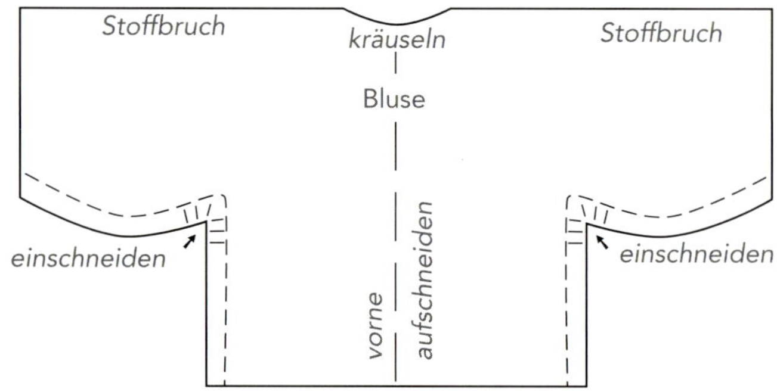


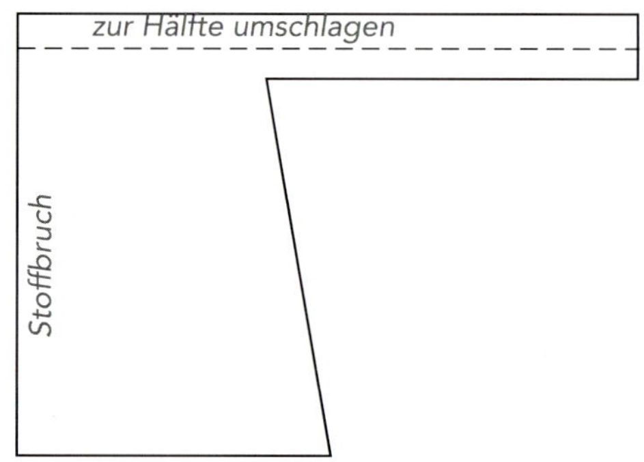


Die maßstabgetreuen Schnittmuster entnehmen Sie bitte dem Schnittmusterbogen.

## Birkenkranz

1. Für den Birkenkranz schneiden Sie ein paar Birkenzweige (ohne Blätter) zu und verdrehen diese etwas ineinander.
2. Wickeln Sie dann um das untere Ende einen festen Draht.
3. Fädeln Sie auf einen Faden mehrere kleine Schafwollbällchen auf. Befestigen Sie diese Schneeflockenketten im Hintergrund an den kleinen Ästchen des Kränzchens.
4. Den Draht decken Sie mit einer kleinen Schneedecke aus Schafwolle ab.
5. Zuletzt werden noch die Federn nach Belieben um das Kränzchen verteilt und festgeklebt. Sie verleihen viel Lebendigkeit, da sie sich bei jedem Luftzug bewegen.

Frau Holle wird mit einer Heißklebepistole auf der Schnee- und Federndecke befestigt.

# Figuren und Bilder zu den Märchen

## Geburtstags-geschichte

# Sterntaler

## Märchenszene

Das Sterntalermärchen war bei uns, wie im Kapitel «Vom Umgang mit den Märchenszenen» beschrieben, ein ganz besonderes Märchen.

Als Untergrund dient ein rundes Holzbrett, zum Beispiel ein Vesper- oder Schneidebrettchen, welches mit Moos belegt ist.

Auch die Umgebung ist eher schlicht gehalten und besteht aus einem kleinen Bergkristall, Steinpilzen, Tannenbäumen. Mehr ist nicht notwendig, um nicht von dem glitzernden Sternenregen, der dem Sterntaler in sein Kleidchen regnet, abzulenken.

Ganz besonders schön wirkt es, wenn Sie Teelichter oder Kerzen hinter den Sternenhimmel stellen, die dann durch den Himmel durchscheinen.

## Material

### Für Sterntaler

*Weiße Seide, hellgelbe Seide oder Fellrest für die Haare, weißer Filz für die Unterhose, kleine goldene Sterne mit Loch, kleine goldene Sterne ohne Loch, blaue Nähseide*

### Für die Kulisse

*Luftballon mit ca. 100 cm Umfang, Kleister, Transparentpapier (mittelblau, hellgrün, und dunkelgrün), kleine goldene Klebesterne, goldene Sterne mit Loch zum Aufnähen*

## Anleitung

### Sterntaler

Fertigen Sie Kopf und Körper wie vorne beschrieben.

### Unterhose

1. Schneiden Sie für die Unterhose aus weißem Filz ein Rechteck gemäß Schnittmuster aus.
2. Klappen Sie das Filzstück, wie auf dem Schnittmuster zu sehen, an den Seiten aufeinander (Stern auf Stern, Kreis auf Kreis usw.).
3. Schneiden Sie das Filzstück nun, wie auf dem Schnittmuster angegeben unten in der Mitte ein.
4. Schließen Sie zuerst die rückwärtige Naht mit kleinen Knopflochstichen, dann die Beinnaht mit kleinen Steppstichen.
5. Wenden Sie das Höschen und streichen Sie die Nähte gut aus.
6. Oben und an den Beinen wird ein Kräuselfaden eingezogen. Dann wird die Hose dem Püppchen angezogen, an den Beinen etwas hochgeschoben, die Kräuselfäden werden angezogen und dann vernäht.

### Kleid

1. Das Kleid wird am Püppchen genäht.
2. Schneiden Sie das Kleid aus weißer Seide ohne Nahtzugabe zu.
3. Ziehen Sie das Kleid ihrem Püppchen über. Das Kleid wird am Püppchen mit nur wenigen Stichen wie unten beschrieben, zusammengenäht.
4. Schlagen Sie den Halsausschnitt einmal um und ziehen Sie einen Kräuselfaden ein.
5. Messen Sie nun den Abstand vom Hals zum Handgelenk aus.
6. Schlagen Sie den übrigen Stoff am Handgelenk um. Der Stoff sollte locker fallen und auf keinen Fall spannen.
7. Nähen Sie den Stoff unter dem Handgelenk mit 2 – 3 Stichen zusammen.
8. Damit das Kleid vorne eine kleine Tasche bildet klappen Sie die vordere Stofflänge nach etwa 2 cm von unten gemessen zusammen und ziehen Sie von rechts nach links einen Kräuselfaden ein. Diesen ziehen Sie leicht zusammen und befestigen die Enden rechts und links an den entsprechenden Handgelenken.

### Haare

1. Eine genaue Beschreibung finden Sie finden Sie im entsprechenden Kapitel über die Haare am Anfang des Buchs. Für die Haare verwenden Sie gelbe Seide oder einen Fellrest.
2. Nähen Sie die Haare mit vielen kleinen Stichen am Kopf fest.
3. Kleben Sie nun die Sterne ohne Loch wie ein Kränzchen um den Kopf.

### Kulisse / Himmel

(siehe Abb. auf S. 103)

1. Blasen Sie den Luftballon bis ca. 90 cm Umfang auf.
2. Reißen Sie das blaue Transparentpapier in kleine Stücke.
3. Mit diesen Stücken wird der Luftballon, wie auf der Zeichnung (S. 103) angegeben, beklebt.
4. Hierzu wird der Luftballon stückchenweise mit Kleister bestrichen, mit Papierstückchen belegt und wieder mit Kleister überstrichen. Die Papierstückchen sollten sich überlappen.
5. Überziehen Sie den Ballon auf diese Weise mit min-

destens 3 – 4 Lagen Transparentpapier. Für das Dreieck in der Mitte (den helleren Sternenregen) werden nur 2 Lagen unzerrissenen Transparentpapiers auf den Ballon geklebt.

6. Legen Sie den Ballon zum Trocknen des Kleisters mit der nicht überzogenen Seite in einen Topf und lassen Sie ihn gut trocknen.
7. Um das Transparentpapier vom Luftballon zu trennen, stechen Sie ein kleines Loch in den Ballon, so dass er zusammenfällt. Übrig bleibt der Sterntalerhimmel.
8. Halten Sie den Himmel ins Licht. Sollte er ihnen an manchen Stellen nicht gefallen, können Sie noch mit einer Schicht Transparentpapier hier und da nacharbeiten.
9. Nun werden die Kanten des Himmels unten gerade geschnitten und auch vorne am Rand gerade oder wellenförmig zurechtgeschnitten.
10. Fädeln Sie nun für die Sternenketten auf einen blauen Faden einen Stern mit Loch und verknoten den Faden um den Stern. Fädeln Sie nach einem kleinen Abstand einen weiteren Stern genauso auf und verknoten Sie ihn ebenfalls. Wiederholen Sie dies, bis die Sternenkette die gewünschte Länge erreicht hat. Fertigen Sie so mindestens 4 Sternenketten.
11. Fädeln Sie den Rest des Fadens in eine dünne spitze Nähnadel und stechen Sie die Nadel durch den Transparentpapier-Himmel am oberen Teil.
12. Verknoten Sie den Faden dort gut.
13. Hängen Sie auf diese Weise die restlichen Ketten auf, so dass es aussieht, als fielen die Sterne vom Himmel.
14. Kleben Sie auf die Rückseite des Sternenhimmels an die Stelle, die als Sternenregen dünner ausgestaltet ist, die goldenen Klebesterne nach Belieben.

### Tannenbäume

1. Für jeden Baum werden 8 Lagen grünes Transparentpapier benötigt. Schneiden Sie dazu entsprechend der Schnittanleitung 8 Rechtecke in der benötigten Höhe und Breite zu.
2. Falten Sie das oberste Blatt in der Mitte der Länge nach einmal zusammen und klappen Sie es wieder auf. Auf diesem entstandenen Knick nähen Sie von oben nach unten alle 8 Lagen zusammen. Hierzu können Sie

entweder eine Nähmaschine verwenden oder auch von Hand nähen.

3. Legen Sie die Mitte des Baumschnitts auf die genähte Naht und umfahren Sie mit einem Bleistift die Konturen des Schnitts.
4. Schneiden Sie nun den 8-lagigen Tannenbaum aus.
5. Zuletzt fächern Sie ihn anhand der einzelnen Lagen durch Umknicken auf, damit er Volumen bekommt und gut steht.

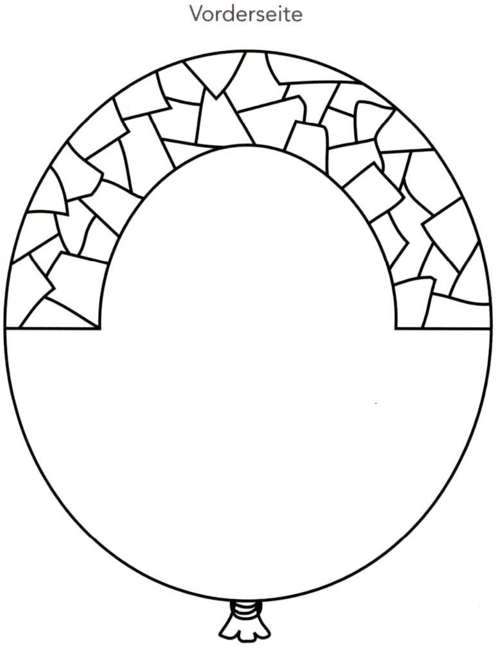


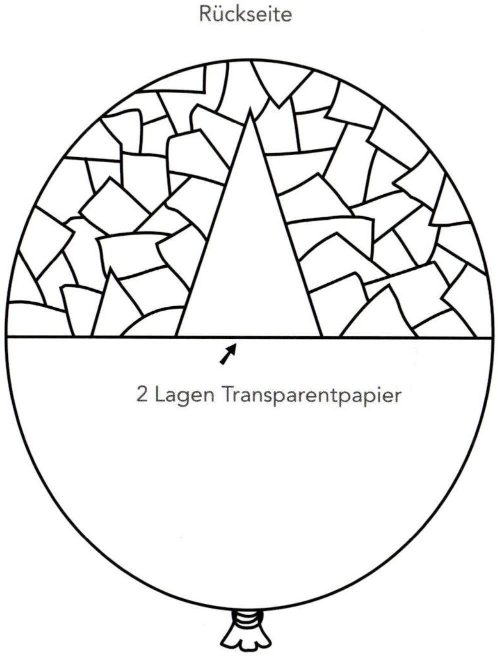

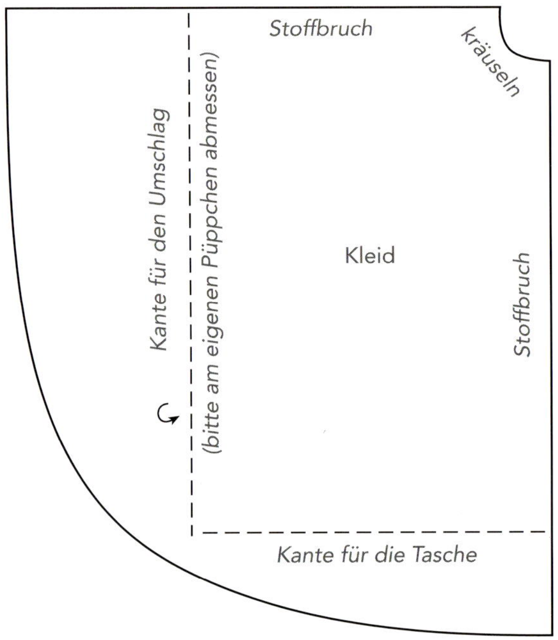


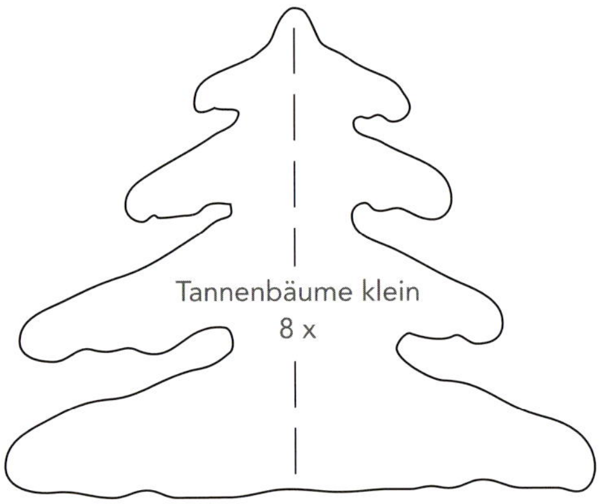


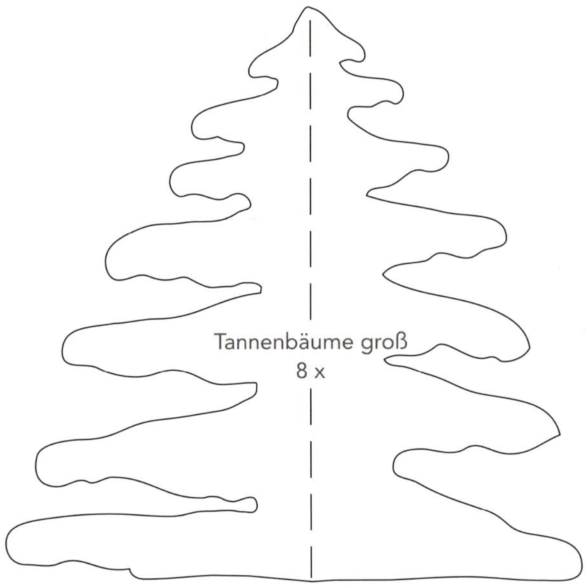


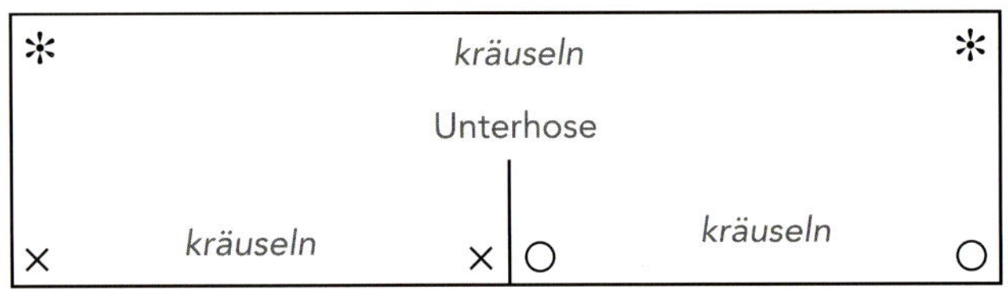


Die maßstabgetreuen Schnittmuster entnehmen Sie bitte dem Schnittmusterbogen.

# Figuren und Bilder zu den Märchen

## Zusätzliche Figuren

# Königsfamilie

## Märchenszene

Die Königsfamilie ist in diesem Buch in keiner der Märchenszenen zu finden und auch keinem Märchen explizit zugeordnet.

Sollten Sie jedoch eine ganz andere Szene in einem der Märchen nachstellen wollen, in welcher diese Figuren vorkommen, habe ich sie Ihnen hier als Bastelanleitung gesondert beschrieben.

## Material

### Für den König

*Dunkelroter Filz für das Gewand, dunkelroter Pannesamt für den Umhang, Goldkordel für den Gürtel, Goldborte für die Krone, Lockenwolle für die Haare, rote Nähseide für den Mund, weiße Schafwolle für die Mantelumrandung, schwarzer Filzstift für die Punkte auf der Mantelumrandung, Schaschlikspieß, Holzkugel, Goldfarbe*

### Für die Königin

*Rosa Bastelfilz für den Unterrock, dunkelroter Pannesamt für das Kleid und den Umhang, Goldlitzen für Gürtel und Ärmel, goldene Perlen für die Kette, Goldborte für die Krone, blonder Webpelz für die Haare*

### Für die Prinzessin

*Weißer Filz für die Bluse, weißer Filz mit Goldpunkten für das Kleid, dünne schmale Goldborte für das Kleid, 2 klei-*

*ne goldene Perlen als Knöpfe, Goldborte für die Haare, Strangseide für die Haare*

### Für den Schlossturm

*Grauer Formfilz für den Schlossturm (45 cm breit, 30 cm hoch), grüner Filz für die Efeublätter, 2 Perlen für das Tor, Filzstift für die Steinkonturen*

## Anleitung

### König

1. Fertigen Sie das Püppchen gemäß Grundform. Die genauen Maßangaben finden Sie auf S. 32 / 33. Die einzige Ausnahme ist die Armlänge, die hier 14 cm beträgt (+ jeweils 1 cm Umschlag)

### Gewand

1. Schneiden Sie aus dem dunkelroten Filz das Gewand für den König ohne Nahtzugabe aus.
2. Schließen Sie rechts und links die Seitennähte.
3. Wenden Sie das Gewand und streichen Sie die Nähte gut aus.
4. Ziehen Sie dem Püppchen das Gewand an und schließen den Halsausschnitt durch einen Kräuselfaden.
5. Ziehen Sie an den Ärmeln 1 cm vom Rand entfernt einen Kräuselfaden ein und ziehen Sie diesen auf die gewünschte Länge zusammen.
6. Binden Sie um den Bauch des Königs eine Goldkordel als Gürtel. Machen Sie an den Enden der Kordel einen Knoten, damit sich die Kordel nicht aufzwirbelt.

### Umhang, Haare, Krone, Zepter

1. Schneiden Sie aus dem Pannesamt ein 16 cm x 16 cm großes Quadrat aus.

2. Runden Sie am unteren Ende die Kanten etwas ab.
3. Umkleben Sie den Umhang unten, rechts und links mit einem Strang aus weißem Schafwollvlies. Zwirbeln Sie diesen Strang vor dem Kleben etwas zwischen den Händen, damit er kompakter wird. Zum Kleben empfiehlt sich die Verwendung von UHU Bastelkleber.
4. Erst nach vollständigem Austrocknen des Klebstoffs

bringen Sie die schwarzen Punkte mit einem Filzstift auf die Schafwollumrandung auf.

5. Am oberen Ende des Umhangs wird nun ein Kräuselfaden eingezogen. Ziehen Sie den Faden soweit zusammen, dass Sie den Umhang unter dem Kinn schließen können.
6. Nadeln Sie die Lockenhaare vorsichtig, aber gut am Kopf an.
7. Für die Krone messen Sie den Kopfumfang Ihres Püppchens ab und schneiden Sie entsprechend ein Stück Goldborte ab. Diese wird hinten am Kopf mit ein paar Stichen geschlossen. Die Krone sollte locker am Kopf sitzen.
8. Zuletzt bemalen Sie noch den Schaschlikspieß und die goldene Kugel mit Goldfarbe. Die Kugel wird nach dem Trocknen der Farbe auf den Spieß geklebt. Dann wird das Ganze dem König als Zepter in die Hand gegeben.

## Königin

Fertigen Sie das Püppchen gemäß Grundform. Die genauen Maßangaben finden Sie auf S. 32 / 33.

## Kleid

1. Für das Kleid legen Sie das Schnittmuster auf den rechts auf rechts gelegten Pannesamt und stecken Sie dieses Muster gut fest. Pannesamt ist etwas schwierig zu nähen, daher nähe ich ihn immer **vor** dem Ausschneiden. Umfahren Sie nun das Muster mit einem Stift und stecken sie den Stoff auch außerhalb des Musters vor dem Nähen aufeinander.
2. Schließen Sie die Seitennähte. Dann schneiden Sie das Kleid aus.
3. Vor dem Wenden des Kleids schneiden Sie unter der Achsel den Stoff 3- bis 4-mal ein. So verhindern Sie, dass sich der Stoff später an dieser Stelle zusammenzieht.
4. Streichen Sie die Nähte gut aus. Der Samt franst nicht aus, darum müssen Sie die Ränder nicht umsäumen.

### Unterrock

1. Der Unterrock dient dazu, dem Kleid mehr Volumen zu verleihen.
2. Für den Unterrock schneiden Sie aus dem rosa Bastelfilz ein 8 cm x 28 cm großes Rechteck aus.
3. Schließen Sie die rückwärtige Naht mit Steppstichen und wenden Sie den Unterrock.
4. Ziehen Sie am oberen Rand einen Kräuselfaden ein.
5. Jetzt ziehen Sie Ihrem Püppchen den Unterrock an und ziehen den Kräuselfaden auf die gewünschte Länge zusammen.
6. Ziehen Sie ihm über den Unterrock nun das Kleid an.
7. Schließen Sie das Kleid am Halsausschnitt mit einem Kräuselfaden.
8. Binden Sie unter den Armen Ihres Püppchens hindurch eine goldene Zackenlitze.
9. Binden Sie dieselbe Litze auch vorne ca. 1 cm von der Ärmelkante entfernt rechts und links fest.

### Umhang, Haare, Krone, Kette

1. Schneiden Sie aus dem roten Pannesamt ein 10 cm x 16 cm großes Rechteck zu. Verfahren Sie mit diesem, wie oben beim Umhang des Königs beschrieben, nur wird der Umhang nicht unter dem Kinn geschlossen, sondern rechts und links an der Schulter festgenäht.
2. Schneiden Sie die Perücke aus Webpelz aus und verfahren Sie weiter, wie im Kapitel «Grundformen» im Abschnitt «Haare aus Webpelz» beschrieben.
3. Für die Krone verfahren Sie ebenfalls wie oben beim König.
4. Zum Schluss erhält die Königin noch eine aus goldenen Perlen gefädelte Kette.

### Prinzessin

Fertigen Sie das Püppchen gemäß Grundform. Die genauen Maßangaben finden Sie auf S. 32 / 33.

### Bluse

1. Schneiden Sie aus dem weißen Filz die Bluse ohne Nahtzugabe aus.
2. Schließen Sie die Ärmel- und Seitennähte.

3. Wenden Sie die Bluse und ziehen Sie Ihrem Püppchen an.
4. Schließen Sie nun die rückwärtige Naht.
5. Ziehen Sie am Halsausschnitt einen Kräuselfaden ein, ziehen Sie ihn auf die gewünschte Länge zusammen und verknoten ihn.
6. Ziehen Sie an den Ärmeln ca. 1 cm vom Rand entfernt ebenfalls jeweils einen Kräuselfaden ein; ziehen Sie auch diesen auf die gewünschte Länge und verknoten Sie ihn ebenfalls.

### Kleid

1. Schneiden Sie aus dem Filz mit den Goldpunkten das Kleid aus.
2. Schließen Sie die Seitennähte, wenden Sie das Kleid und ziehen Sie es dem Püppchen an.
3. Ziehen Sie unter den Armen hindurch einen Kräuselfaden ein und ziehen Sie ihn auf die gewünschte Länge zusammen.
4. Nun ist im Oberteil des Kleids auf der Brust eine kleine Falte entstanden. Klappen Sie diese übereinander und schließen Sie sie mit 2 – 3 Stichen. Nähen Sie dort als Knöpfe 2 kleine Goldperlen darauf.
5. Zuletzt nähen Sie noch am Saum, der Taille, dem Halsausschnitt und den Ärmeln mit kleinen Stichen eine schmale Goldborte auf.

### Haare und Krone

1. Als Haare werden mit vielen kleinen Stichen Büschel aus Strangseide gut auf den Kopf aufgenäht.
2. Für die Krone verfahren Sie, wie oben beim König beschrieben.

### Prinz

Die Beschreibung des Prinzen finden Sie im Kapitel von «Dornröschen».

### Schlossturm

1. Der Schlossturm wird aus Formfilz hergestellt. Formfilz ist eine weitere Art von Filz. Sie können ihn in Platten kaufen.
2. Man befeuchtet ihn mit Wasser und biegt ihn in die

gewünschte Form. Nach den Trocknen behält er diese Form bei.

3. Für den Schlossturm habe ich die ganze befeuchtete Platte über Nacht zum Trocknen  in eine runde Schüssel gestellt.
4. Die Zinnen habe ich noch vor dem Befeuchten ausgeschnitten.
5. Sobald der Filz in der richtigen Form trocken ist, werden die Steinkonturen und das Tor mit einem schwarzen oder grauen Filzstift aufgemalt. Danach wird das Tor aufgeschnitten. Ganz zuletzt werden die Perlen als Türklinken und die Efeublätter aufgeklebt.

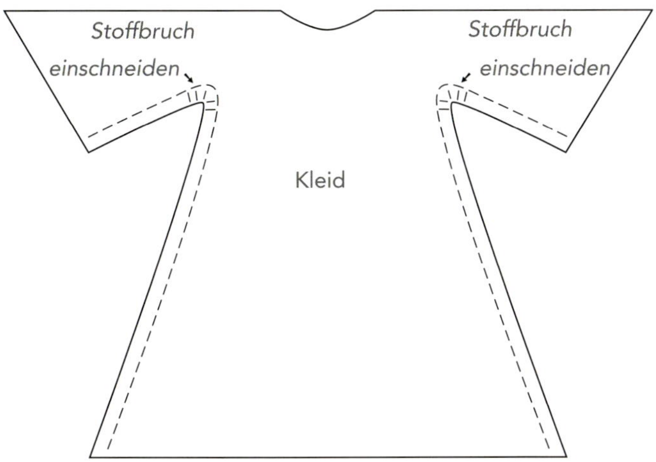


Die maßstabgetreuen Schnittmuster entnehmen Sie bitte dem Schnittmusterbogen.

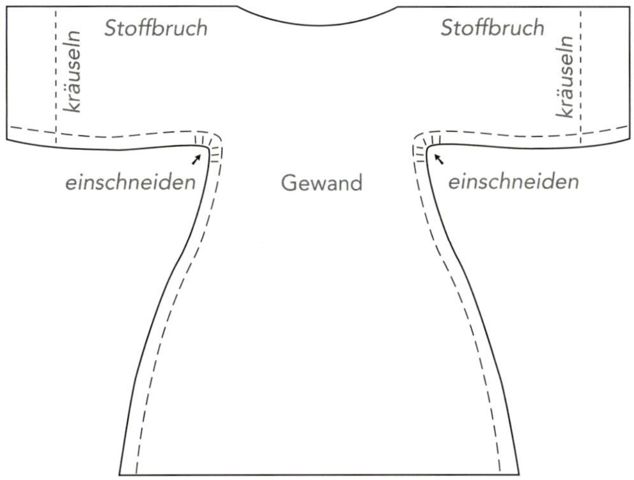


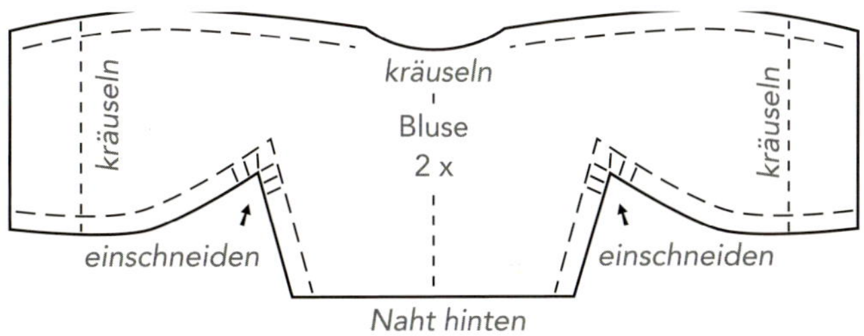


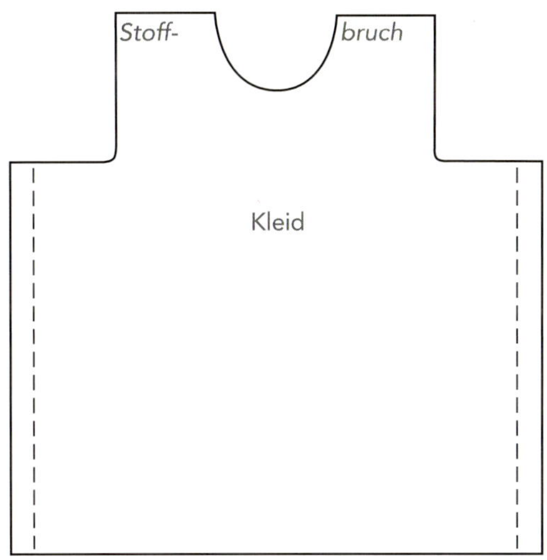

# Bezugsquellen

### Heidehof-Buchhandlung
Gerokstr. 10A
70188 Stuttgart
Tel. 07 11 / 24 64 01
*Stopfwolle (ungesponnene Schafwolle), Märchenwolle, Filz, Bastelfilz, Filznadeln*

### Der Malkasten GmbH
Küferstr. 39
73728 Esslingen
Tel. 07 11 / 35 99 84
Internet: www.dermalkasten-esslingen.de
E-Mail: info@dermalkasten-esslingen.de
(nur Ladenverkauf)
*Filz, Bastelfilz, Webpelze, verschiedene Stoffe, Zubehör für Zwerge, Schafwolle, Filzplatten, Filznadeln, Borten, Perlen, Lockenwolle*

### Filzrausch
Hagenweg 2/b
37081 Göttingen
Tel. 05 51 / 6 75 15
Internet: www.filzrausch.de
E-Mail: info@filzrausch.de
*Schafwolle (von dieser Firma stammt die hautfarbene Schafwolle für die Püppchen), Lockenwolle, Filznadeln*

### Wollwerkstatt – Wollknoll

Sonja Fritz
Forsthausstr. 7
74420 Oberrot - Neuhausen
Tel. 0 79 77 / 91 02 93
E-Mail: fritz@wollknoll.de
Internet: www.wollknoll.de
*Schafwolle, Lockenwolle, Filznadeln*

### Im gut sortierten Bastelgeschäft

*Bastelpfeifenputzer, Filz, Bastelfilz, Indianerperlen, Webpelz*

### Brigitte Biffar

Grundwiesenweg 12
67434 Neustadt
E-Mail: biffar-nw@t-online.de
Jahreszeitentücher aus Baumwollgaze
*(teilweise pflanzengefärbt, in vielen Farbtönen den Jahreszeiten entsprechend)*

### eBay

Auch über eBay können Sie Bastelmaterial aller Art erwerben. Insgesamt habe ich persönlich damit gute Erfahrungen gemacht.
Internet: www.ebay.de

## Schweiz

### Uschi's Maltreff

Promenade 104
CH 7270 Davos Platz
Tel . 00 41 / 81 / 4 16 46 25
(nur Ladenverkauf)
*Filz, Webpelz, Zubehör, Schafwolle, Borten, Filznadeln, Perlen, Bastelfilz*

### Bastelshop Chur

Reichsgasse 61
CH 7000 Chur
Tel. 00 41 / 81 / 2 52 08 85
Internet: www.bastelshop-chur.ch
E-Mail: info@bastelshop-chur.ch
*Filz, Webpelz, Zubehör, Schafwolle, Borten, Filznadeln, Perlen, Bastelfilz*

# Über die Autorin Sybille Adolphi

Ich wurde 1953 in Stuttgart geboren, absolvierte eine Ausbildung zur Erzieherin am Fröbelseminar in Stuttgart, arbeitete als Kindergärtnerin und war Leiterin eines Kindergartens und Lehrerin in einer Schule für geistig Behinderte. Zur Zeit ziehe ich meine zwei Kinder groß.

Besonders bedanken möchte ich mich an dieser Stelle bei der Malkasten GmbH und Brigitte Biffar, die mir freundlicherweise Dekorationsmaterial zur Verfügung gestellt haben, um die Märchenszenen in diesem Buch so auszugestalten, wie Sie es auf den Bildern sehen können.

Sybille Adolphi gestaltet in ihrem Buch Blumenkinder, die das wechselnde Geschehen der Jahreszeiten mit den Kindern zusammen erlebbar machen.

Sybille Adolphi
**Blumenkinder**
für den Jahreszeitentisch
96 Seiten, mit farb. Bildern, gebunden
ISBN-13: 978-3-7725-1832-X

Sybille Adolphi
NEUE
BLUMENKINDER
FÜR DEN
JAHRESZEITEN-
TISCH
Verlag Freies Geistesleben